Dieses Buch gehört:

Basteln mit den Allerkleinsten

KLEBEN, KLECKSEN UND GESTALTEN

03 …**VORWORT**	40 … Schweinerei	72 …**FARBE**
04 …**SO WIRD'S GEMACHT**	41 … Leckeres Geschmeide	74 … Fixes Pusten
	42 … Tatüü Tataa!	75 … Seifenblasen-Fisch
10 …**PAPIER**	43 … Bunte Steine	76 … Raupe Kunterbunt
12 … Beeindruckend!	44 … Blühender Sand	78 … Zauberschnüre
13 … Aloha!	45 … Irokesen und Comanchen	79 … Tiefseekunst
14 … Blatt auf Blatt	46 … Blütenrausch	80 … Klatsch' ab!
15 … Hand drauf!	47 … Sterntaler	81 … Sommersprossenlicht
16 … Wandelbar	48 … Plitsch-Platsch	82 … Straßenkünstler
18 … Wurfwunder	49 … Ahoi!	84 … Eiskunst
19 … Knallbunte Kreisel		85 … Sonnige Aussichten
20 … Einfach prickelnd	50 …**TEXTILES**	86 … Tetrapak-City
21 … Knöllchen	52 … Goldwäscher	88 … Vulkanausbruch!
22 … Krokodil und Regenwurm	53 … Blumen im Haar	89 … Heiße Sache!
24 … Spendensammler	54 … Kordula Kordel	90 … Flotte Fingerfarben
25 … Blaulicht	56 … Zauberhafte Fee	91 … Märchenschloss
26 … Piraten in Sicht!	58 … Gigi Gierschlund	
28 … Winterzauber	59 … Schicke Filztäschchen	92 …**NATURKUNST**
29 … Reibekatze	60 … Wandschmuck	94 … Schneckenpost
	61 … Marsmission	95 … Meeresrauschen
30 …**FUNDSACHEN**	62 … Für Lokomotivführer	96 … Fang mich doch!
32 … Königliche Hoheiten	64 … Wer bist denn du?	97 … Das Haus vom Ni-ko-laus
33 … Putzige Pappzwerge	65 … Am laufenden Band	98 … Over the rainbow
34 … Konfettischnecke	66 … Schlossgespenst	99 … Eiskalte Liebe
35 … Glitzernde Schneekugel	67 … Weiche Wurfbälle	100 … Schlangenalarm!
36 … Heiße Sambarhythmen	68 … Wal und Falter	
38 … Durchblick schaffen	70 … Kuschelweich	102 …**VORLAGEN**
39 … Leuchtende Laterne	71 … Wollmaus & Co.	108 …**AUTORINNEN IMPRESSUM**

2 | Inhaltsverzeichnis

Vorwort

Wir haben Ideen für einzelne Kinder und Krippengruppen, für drinnen und draußen zusammengestellt. Dabei gibt es aufwändige und kostengünstige Modelle, manche bestehen sogar nur aus Recyclingmaterialien. Manchmal basteln wir im Garten oder mit Farbe und Papier. Außerdem bieten wir Ihnen und Ihrem Kind eine erste Annäherung an das Handarbeiten. Hier wird geschmiert, genäht, gelocht, gepinselt, geknotet und hoffentlich viel gelacht!

„Basteln mit den Allerkleinsten" versteht sich als Ideenpool für Anwendungen und Techniken – die Bastelei muss also nicht unbedingt genau der Anleitung folgen. Greifen Sie die Wünsche des Kindes auf und unterstützen Sie es dabei, diese zu verwirklichen. Natürlich machen die Bastelideen in diesem Buch auch älteren Kindern Spaß, sie können diese dann selbständiger erarbeiten. Vieles machen die kleinen Bastler zum ersten Mal – den Finger in selbst gemachte Fingerfarben stecken oder einen Regenbogen aus Blüten legen. Vielleicht ist nicht jedes Projekt atemberaubend, außergewöhnlich und spektakulär – aber es wird sie glücklich machen!

Schicken wir also Sie und Ihr Kind auf eine abenteuerliche Entdeckungsreise zu Ihrer eigenen Fantasie – viel Spaß beim Kleben, Klecksen und Gestalten!

Rena Cornelia Lange

Eva Sauer   *Sabine Koch*

Tanja Wechs

So wird's gemacht

„Basteln mit den Allerkleinsten" – der Titel drückt schon aus, dass wir unsere Knirpse nicht ganz allein ihre ersten Kreativitätserfahrungen machen lassen können. Basteln mit den Allerkleinsten heißt vor allem Basteln zusammen mit einem Erwachsenen. Der Erwachsene leitet das Kind an, gibt aber nur so viel Hilfestellung, wie es benötigt. Das ist selbst bei Kindern der gleichen Altersgruppe völlig verschieden. Wichtig ist, dass die Kleinen ohne Leistungsdruck und mit viel Spaß basteln dürfen: Basteln ist Gehirnjogging. Außerdem fördert es die motorische Entwicklung der Kleinsten ungemein. Das macht Spaß, ist aber auch anstrengend. Außerdem können die Allerkleinsten beispielsweise einfach noch keine konkreten Formen wie Menschen oder Tiere malen. Wir sollten die Jungkünstler daher nicht mit unseren Erwartungen überfordern. Sie kennen Ihr Kind am besten. Also machen Sie ab und zu eine Pause – und loben Sie Ihren Sprössling auch mal!

✋ Die mit einem Handabdruck markierten Bastelschritte können von Ihrem Kind ausgeführt werden.

Der Schwierigkeitsgrad einer Bastelidee zeigt an, wie viel motorisches Geschick der kleine Künstler benötigt. So sind die Abstufungen:

● ● ● leicht
● ● ● mittel
● ● ● anspruchsvoll

Aufgrund der Vielfalt in diesem Buch möchten wir Ihnen hier einen kurzen Überblick über die beliebtesten Basteltechniken für Kleinkinder bieten.

Basteln mit Papier

Vorlagen übertragen

Vorlagen übertragen Sie schnell und einfach mit Kohlepapier. Basteln Sie mit größeren Gruppen, kann es sich anbieten, mit wiederverwendbaren Schablonen zu arbeiten. Ein Transparent- oder Architektenpapier auf die Vorlage legen und alle Motivteile mit Bleistift abpausen. Das Transparentpapier auf einen dünnen Karton kleben und die Motive sorgfältig ausschneiden. Die auf diese Weise entstandenen Schablonen auf das entsprechende Papier legen und mit Bleistift umfahren.

Dreidimensionale Papierarbeiten

Pappe und Papier sind auch stabile Werkstoffe, aus denen sich plastische, dreidimensionale Häuser – ja sogar ganze Schlösser und Schiffe! – bauen lassen. Greifen Sie dabei auf vorhandene Formen zurück: Aus einer Bananenkiste oder einer kleinen Schachtel, die zuvor eine Verpackung war, kann Ihr Kind mit etwas Fantasie schnell etwas Anschauliches entstehen lassen. Unterstützen Sie es dabei! Ideen gibt es auf Seite 16/17.

Papier schneiden

Beim Schneiden sollten Sie Ihrem Kind anfangs noch helfen. Führen Sie die Hand des schneidenden Kindes oder lassen Sie es an einfachen, aufgezeichneten Formen üben. Benutzen Sie eine Kinderschere. Deren abgerundete Spitzen verringern das Verletzungsrisiko und ihre Größe ist an Kinderhände angepasst. Werden Elemente mit einem Cutter oder einer Haushaltsschere ausgeschnitten, sollte dies in jedem Fall ein Erwachsener übernehmen!

Papier prickeln

Formen lassen sich nicht nur ausschneiden – man kann das Papier auch mit einer Nadel perforieren, bis sich Teile davon heraustrennen lassen. Diese Technik nennt sich Prickeln und macht schon den Kleinsten Spaß! Achten Sie darauf, eine weiche Unterlage zu verwenden, etwa eine Moosgummiplatte, und eine möglichst stumpfe Nadel, beispielsweise eine Stopfnadel. Mehr dazu auf Seite 20.

Papier reißen

Auch die Allerkleinsten, die das Schneiden mit einer Schere oder das Prickeln noch nicht beherrschen, können schon mit Papier gestalten. Es lässt sich wunderbar in kleine Flocken reißen! Eine Anwendung finden Sie auf Seite 19.

Papier knüllen

Knüllt man Papier zu kleinen Kügelchen zusammen, lässt sich damit ein hübscher Effekt erzielen. Je kleiner die Kügelchen sind, umso mehr passen auf eine Fläche. Blitzschnell kann man aus diesen Wunderkugeln ganze Bilder kleben – mit Tiefenwirkung! Die Knöllchen sehen Sie auf Seite 21.

> **UNSER ELTERN-TIPP**
>
> Verwenden Sie lösungsmittelfreien Klebstoff. Er ist für kleine Kinder besonders gut geeignet, denn er lässt sich aus der Kleidung auswaschen. Noch besser eignet sich Kleister, denn er kann auch mit den Fingern aufgetragen werden.

Frottage

Weil Papier so dünn ist, kann man die Struktur der Dinge, die unter einem Bogen liegen, ganz deutlich fühlen. Und man kann sie sogar durchrubbeln! Ältere Kinder nehmen dazu Buntstifte, die sie sehr flach halten. Knirpse tun sich mit Wachskreiden wesentlich leichter. Diese Rubbeltechnik nennt sich Frottage und wurde schon von berühmten Künstlern wie Max Ernst eingesetzt. Eine Reibekatze gibt es auf Seite 29.

Papier bedrucken

Papier lässt sich wunderbar gestalten – Sie können es mit Händen, Füßen, Korken, Kartoffeln oder Äpfeln und sogar mit Blättern bedrucken. Sehr schön sehen Sie die Umsetzung auf den Seiten 12, 14 und 15.

Das Papier wird bereitgelegt, die Farbe auf ein Blatt aufgetragen, das Blatt vorsichtig aufgedrückt und wieder abgezogen.

Basteln mit Fundsachen

Recyclingmaterial

Aus Recyclingmaterialien wie Joghurtbechern, Eierkartons, Korken und Flaschendeckeln lassen sich herrliche Objekte gestalten. Achten Sie darauf, dass diese Abfallelemente gut gespült sind. Dadurch werden eventuell anhaftende Keime entfernt. Schmirgeln Sie scharfe Kanten mit Schleifpapier glatt. Sehr schön sind die Instrumente auf Seite 36 und 37.

Sand, Steine und Rinde

Mit Naturmaterialien wie Steinen, Sand und Rinde kann man außerordentlich schöne Sachen basteln. Und manchmal kann man sie völlig unerwartet einsetzen: Vermischt man Sand, Farbe und Kleister, kann man damit malen. Bemalt man Steine, werden sie zu kleinen Tieren. Und langweilige Borke wird schnell zum Rindenschiffchen, das bei der Regatta vorneweg schwimmt! Auf jedem Spaziergang kann man etwas Verwertbares finden! Floß und Schiff finden Sie auf Seite 49.

Hinweis

Achten Sie darauf, dass die kleinen Bastler oder deren kleinen Geschwister keine kleinteiligen Utensilien wie Holzperlen in die Hände bekommen. Hier besteht Erstickungsgefahr! Auch Klebstoff, Scheren, Salzteig und Farben sollten nur unter dem wachsamen Auge eines Erwachsenen verwendet werden.

Lebensmittel

„Mit dem Essen spielt man nicht!" – Diese Ermahnung kennt jeder. Aber weil es so viel Spaß machen kann, mit Kartoffeln, Nudeln und Co. kreativ zu werden, ist das eigentlich doch ganz in Ordnung. Figuren aus Gemüse sind kompostierbar und Schmuck aus Teigwaren extrem günstig. Sie bestehen aus nachwachsenden Rohstoffen und sind frei von giftigen, chemischen Zusätzen wie beispielsweise den Weichmachern in Kunststoffen. Die Seiten 32 und 41 zeigen, was man aus diesem unbedenklichen Bastelmaterial erschaffen kann.

UNSER ELTERN-TIPP

Gehen Sie achtsam mit der Natur um! Nicht jedes Fundstück darf auch mitgenommen werden, denn manche Pflanzen stehen unter Naturschutz oder dienen Wildtieren als Nahrungsquelle oder Unterschlupf.

Die unterschiedlichen Instrumente werden mit Fingerabdrücken verziert.

Textile Basteltechniken

Stoffdruck

Zum Bedrucken oder Bemalen von Textilien eignen sich Druck- und Stoffmalfarben. Gemalt werden sollte auf gewaschenem, gebügeltem Baumwollstoff. Bitte verwenden Sie keinen Weichspüler, er imprägniert die Faser, sodass sie weniger Farbe aufnimmt. Die Farben sollten Sie nach Herstellerangaben fixieren (oft geschieht dies durch Bügeln von links) und auch beim Waschen auf die empfohlene Temperatur achten. Wenn Sie Schablonen verwenden, sollten Sie diese mit Klebestreifen oder wiederablösbarem Sprühkleber fixieren, damit sie nicht verrutschen. T-Shirts werden auf Seite 68 und 69 gestaltet.

Weben

Kleinkinder haben meist großen Spaß am Weben. Dazu können Stoffstreifen, Wollfäden oder Märchenwolle verwendet werden. Sollte Ihrem Kind das rhythmische Auf und Ab sehr gefallen, können Sie es mit Papierstreifen weben lassen oder ihm einen Webrahmen schenken. Diese gibt es in rechteckig oder rund und in verschiedensten Ausführungen. Man kann natürlich nicht nur Muster weben, sondern nach und nach zu figürlichen Szenen übergehen. Erstes Weben finden Sie auf Seite 52.

Häkeln

Dem Häkeln nähern wir uns in diesem Buch durch erstes Fingerhäkeln von Luftmaschen an. Eine Anwendung finden Sie auf Seite 56. Und so geht's:

1 Anfangsmasche: Den Faden zwischen Daumen und Zeigefinger der linken Hand festhalten. Mit dem fortlaufenden Faden von rechts nach links eine Schlinge legen, sodass der fortlaufende Faden oben liegt. Den fortlaufenden Faden hinter die Schlinge legen. Von vorne den Zeigefinger in die Schlinge führen, den Faden durchholen und die Schlinge festziehen.

2 Die jeweils letzte Masche zwischen Daumen und Zeigefinger der einen Hand festhalten, den Faden hinter die Schlinge legen und mit den Fingern der anderen Hand durchziehen. Den Vorgang wiederholen. Die Schlinge wird immer etwas länger und muss nach zwei bis drei Maschen etwas straffer gezogen werden.

Nähen und Sticken

Ausnähübungen und das Bastelfilztäschchen führen Schritt für Schritt an das Nähen und Sticken heran. Achten Sie darauf, dass Ihr Kind mit einer stumpfen Stopfnadel arbeitet. Wenn Sie zudem die Löcher vorstanzen, erleichtert das die Orientierung ungemein. Seite 59 und 65 bieten dazu mehr.

Schleifen binden

Bei einem Textilkapitel für Kleinkinder darf das Schleifebinden nicht fehlen. Üben Sie es zuerst gemeinsam an Schnürsenkeln, bevor Sie das Kind am Ballerinarock stolz das Gelernte anwenden lassen. Ballettfreunde werden auf Seite 56 und 57 fündig.

Aus Alt mach Neu

Kleidungsstücke lassen sich auch prima weiterverarbeiten. Aus Socken und Strumpfhosen werden schnell kuschelweiche Tiere, aus einem weißen Tuch flugs ein Gespenst – und das ganz ohne Nähmaschine! Seite 58, 64 und 66 laden Textilkünstler zum Stöbern ein.

Gestalten mit Farbe

Vorbereitungen

Egal, ob Sie auf dem Boden oder einem Tisch arbeiten: Legen Sie die Arbeitsfläche zuvor großzügig mit alten Zeitungen oder einer Wachstischdecke aus. Wasserflecken lassen sich auch durch aufgeschnittene Mülltüten prima vermeiden.

> **UNSER ELTERN-TIPP**
> Ziehen Sie Ihrem Kind alte Kleider oder einen Malerkittel an, damit es sich ungehemmt mit der Farbe vergnügen kann.

Farben für Kinder

Acrylfarbe, Dispersionsfarbe oder Temperafarbe können Sie für Papier, Karton und Holz beliebig austauschen. Die Farben sind in verschiedenen Größen erhältlich, wasserlöslich und lassen sich gut mischen. Passen Sie aber auf, dass Ihr Kind keine Farben in oder an den Mund bringt! Selbst Farben auf der Basis von Lebensmittelfarbe sind nicht gesund.

> **UNSER ELTERN-TIPP**
> Verwenden Sie ausschließlich Farben auf Wasserbasis. Sie dünsten keine schädlichen Dämpfe aus und sind auswaschbar.

Gestalten mit Seifenblasen

Die Kunst, mit Seifenblasen zu malen, ist etwas ganz Besonderes: Spülmittel wird mit Farbe und Wasser vermischt. Dann wird mit einem Strohhalm so lange in das Gemisch geblasen, bis der Schaum auf das zu gestaltende Papier überfließt. Dieser Schaum kann nun verschoben werden. Trocknet das so gemalte Bild, weist es eine faszinierende Bläschenstruktur auf. Einen Seifenblasen-Fisch sehen Sie auf Seite 75.

Kreide selber machen

Eine Klopapierrolle kann auf einer Seite verschlossen und dann mit durchgefärbtem Gips gefüllt werden. Färben kann man den Gips mit Lebensmittel- oder Wasserfarben. Lässt man diesen über Nacht trocknen und schält die Pappe ab, erhält man tolle selbst gemachte Straßenmalkreiden, auf die man wirklich stolz sein kann! Wie das geht, sehen Sie auf Seite 82 und 83.

8 | So wird's gemacht

Die Eiswürfeltechnik

Dass man auch mit Eiswürfeln malen kann, ist vielen gar nicht klar. Diese Technik ist aber kinderleicht – und vor allem auf Kindergeburtstagen ein großer Spaß! Vermischen Sie Wasser mit Lebensmittelfarbe und frieren Sie es in einer Eiswürfelform ein. Am darauffolgenden Tag können die Eiswürfel aus der Form genommen werden. Fährt man mit ihnen über ein Blatt Papier, hinterlassen sie eine herrlich zarte Farbspur. Vor allem Aquarellpapier eignet sich für diese Technik. Ist das Wetter eher kühl oder möchte man das Schmelzen beschleunigen, kann man die Eiswürfelstückchen auch mit einem Föhn über das Papier jagen. Testen Sie es auf Seite 84.

Naturkunst

Naturkunst oder „Land Art" ist das Gestalten mit Naturmaterial im Freien. Ein Vorrat an Sand, Stöcken, Beeren, Steinen, Zapfen, Blättern, Blüten aber auch Eis kann also nicht schaden.
Besonders beeindruckend sind großformatige Bastelarbeiten. Man kann beispielsweise stecken, stapeln, legen, einfrieren, einbinden oder säen und wachsen lassen. Da man mit natürlichen Formen gestaltet, benötigt man fast keine Hilfsmittel – außer jeder Menge kindlichem Spieltrieb! Einen natürlichen Regenbogen können Sie beispielsweise auf Seite 98 nachbasteln.

UNSER ELTERN-TIPP

Ein überdachter Platz im Garten eignet sich prima als Materialsammelstelle. Hier können Sie und Ihr Kind Stöcke, Zapfen oder Steine zusammentragen, bis Sie eine ausreichende Menge Ihres Rohstoffs für ein Großprojekt beisammen haben.

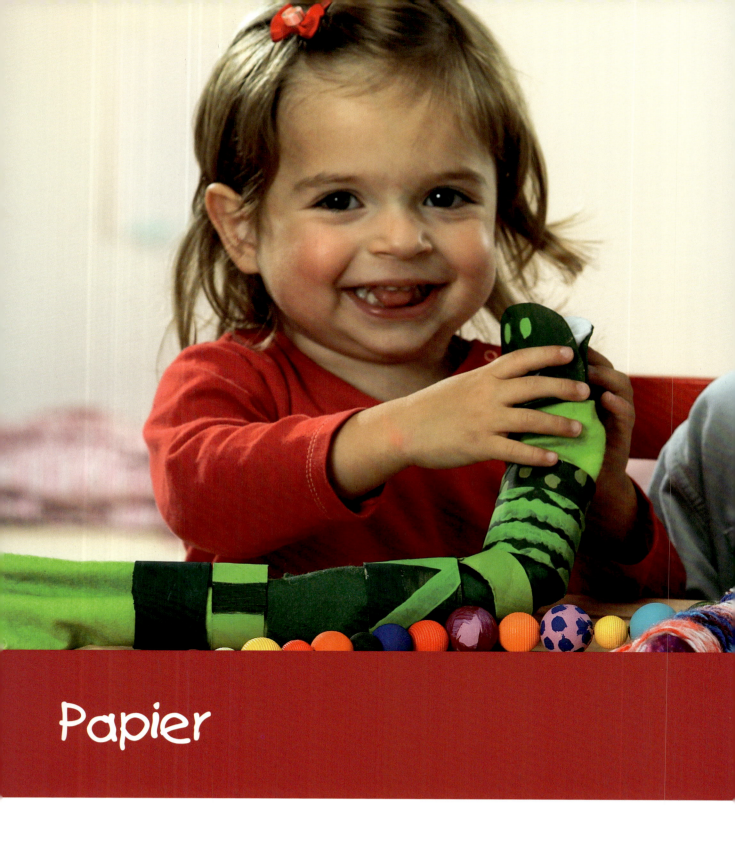

Papier

Papier ist ein faszinierender Werkstoff: Man kann ihn knüllen, reißen, kleben, zu Pappmaché zerstampfen, falten, schneiden, biegen, bemalen und bedrucken. Und auch fertig gebastelt ist Papier wandelbar – aus einer Burg wird mit etwas Fantasie schnell ein Schiff!

Mit der gleichen Methode kann man ganz verschiedene Sachen basteln: Aus bestempelten Papier macht sich Ihr Kind ganz schnell einen Hut, eine Krone oder ein Indianerstirnband.

Und was es da alles an Papieren gibt: fast durchsichtiges Transparentpapier, dicken und dünnen Tonkarton, Kisten aus fester Pappe, buntes Papier und Bogen, die man erst bemalen muss.

Man kann sich damit schmücken und damit spielen. Außerdem ist Papier so leicht, dass es schwimmt. Ihr Kind wird damit sehr viel Spaß haben!

Beeindruckend!

Kork- und Kartoffeldruck

Schwierigkeitsgrad

Motivhöhe
Krone 7 cm
Indianerband
(ohne Feder) 4 cm

Material
* Acrylfarbe in Orange, Rot, Blau und Hellgrün
* dicker Haarpinsel
* Küchenkrepp
* Messer
* Zeitungspapier zum Unterlegen
* Alleskleber

zusätzlich
Krone
* Fotokarton in Sonnengelb, 8 cm x 70 cm
* mehrere kleine Kartoffeln

Indianerband
* Fotokarton in Orange, 4 cm x 70 cm
* Weinkorken
* Federn
* Klebefilm

Vorlage
Seite 104

Krone

1 Übertragen Sie die Vorlagenzeichnung auf den Fotokarton.

2 Mit einer Kinderschere kann Ihr Kind die Krone nun ausschneiden. Die Zacken werden immer von der Spitze aus nach unten eingeschnitten.

3 Schneiden Sie mit einem Küchenmesser einfache Formen aus einer kleinen halbierten Kartoffel (Rechteck, Dreieck).

4 Die Kartoffelformen werden von Ihrem Kind mit Farbe bemalt und auf die Krone gedruckt. Bei einem Farbwechsel die Kartoffel mit Küchenkrepp säubern. Farbe gut trocknen lassen.

5 Messen Sie die Krone am Kopf des Kindes ab, schneiden Sie sie zu und fixieren Sie sie mit Alleskleber.

Indianerband

1 Das Kind bemalt den Korken mit Farbe. Anschließend druckt es den Korken fest auf den Fotokartonstreifen. Bei Farbwechsel den Korken reinigen oder für jede Farbe einen eigenen Korken verwenden.

2 Messen Sie das Stirnband am Kopf des Kindes ab, schneiden Sie es zu und fixieren Sie es mit Alleskleber. Dann mit mindestens einer Feder verzieren.

Unser Tipp für dich
Man kann noch mit ganz anderen Dingen drucken: beispielsweise mit halbierten Äpfeln, dem Innenteil einer Streichholzschachtel oder einer abgeschnittenen Möhre.

Aloha!
hawaiianische Seidenpapierkette

Schwierigkeitsgrad
● ○ ○

Motivlänge
ca. 90 cm

Material
* Seidenpapier, jeweils 2 x in Orange, Rot, Türkis, Blau, Dunkelblau, Hell- und Dunkelgrün und Violett, A4
* Baumwollgarn, ca. 1,10 m lang
* Nähnadel mit Spitze, Größe 18

1. Das Kind zerreißt jeden Bogen Seidenpapier in drei bis vier Stücke.

2. Die vielen so entstandenen Papierfetzen darf es nun einzeln zu je einer Kugel zusammenknüllen.

3. Die Kugeln mit Nadel und Faden mittig auf das Baumwollgarn fädeln. Die Kinder können dabei bestimmen, welche Farben nacheinander aufgefädelt werden sollen. Zuletzt verknoten Sie die Enden miteinander und fertig ist die Kette.

UNSER ELTERN-TIPP

Kinder haben bei dieser Bastelaktion großen Spaß. Hier dürfen sie endlich mal etwas zerreißen und zerknüllen, was sonst nicht unbedingt erlaubt ist. Die Seidenpapierkette eignet sich für Geburtstagsfeiern, Faschingspartys oder vervollständigt die geliebte Verkleidungskiste.

Blatt auf Blatt

Blätterdruck-Mobile

Material

* Blätter verschiedener Formen und Größen
* Fotokartonreste in Gelb, Hellgrün und Orange
* Acrylfarbe in Orange, Rot, Hell- und Dunkelgrün
* dicker Haarpinsel
* Küchenkrepp
* dünne Nylonschnur
* spitze Nadel

Schwierigkeitsgrad
● ○ ○

Motivgröße
ca. 50 cm

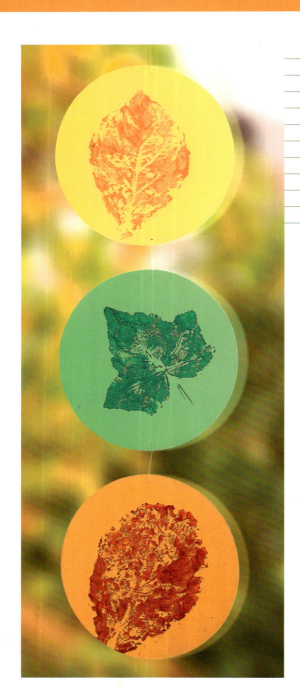

1 Schneiden Sie verschieden große Kreise aus den Fotokartonresten. Nehmen Sie Teller und Untertassen als Kreisschablonen zu Hilfe. Schneiden Sie diese gemeinsam mit Ihrem Kind aus.

2 Mit dem Pinsel streicht das Kind nun etwas Farbe auf die Oberfläche des Blattes, legt vorsichtig das Blatt auf den Fotokarton und ein Küchenkrepp darauf.

3 Das Kind drückt nun mit der flachen Hand vorsichtig an verschiedenen Stellen auf das Küchenkrepp und das darunterliegende Blatt. Dann nimmt es das Küchenkrepp ab und zieht behutsam das Blatt vom Kartonkreis.

4 Der Vorgang wird mit verschiedenen Blättern und Farben wiederholt.

5 Lassen Sie die bedruckten Kreise trocknen. Dann können die Rückseiten gestaltet werden.

6 Nach dem Trocknen verbinden Sie die Kreise mit einer dünnen Nylonschnur und einer Nadel und bringen auch am obersten Kreis einen Nylonfaden zum Aufhängen an.

7 Suchen Sie zusammen mit Ihrem Kind einen Platz, an dem der Fensterschmuck aufgehängt wird.

> **UNSER ELTERN-TIPP**
> Erläuternde Arbeitsschrittbilder zum Blätterdruck finden Sie in der allgemeinen Anleitung auf Seite 5.

Hand drauf!
kinderleichter Fingerdruck

Unser Tipp für dich
Man kann nicht nur mit den Händen stempeln — auch ein Fußabdruck sieht klasse aus!

1 Verteilen Sie auf jeden Teller eine andere Farbe. Bei älteren Kindern können Sie mehrere Farben auf einen Teller setzen. Das macht Lust aufs Mischen. Wenn die Kinder noch sehr klein sind, geben Sie Ihnen einfach einen Klecks Farbe direkt in die Hand. Ältere Kinder können ihre Hände auch mit einem Schwamm oder Pinsel selbst bunt anmalen.

2 Ihr Kind sollte jetzt seine Hände so lange aneinanderreiben, bis die Innenflächen voller Farbe sind. Nun kann es die Hände auf das Tonpapier drücken.

3 Eventuell müssen Sie beim Abziehen das Papier festhalten, sodass es sich besser ablöst.

4 Bestimmt hat Ihr Kind Lust, seinen Handabdruck weiter zu gestalten: Sobald der Druck gut getrocknet ist, kann er mit einem Pinsel und vielen Farben bemalt werden.

Für ältere Kinder bietet sich beispielsweise das Ausgestalten zum Clown an. Dazu wird jeder Finger mit dem Pinsel in einer anderen Farbe eingestrichen. Der Daumen bleibt unbemalt, der Handteller wird hautfarben bemalt. Helfen Sie Ihrem Kind beim Bemalen der Finger, damit die Farbe zum Drucken noch feucht ist. Wenn der Abdruck gut getrocknet ist, können Ohren, Augen, Clownsnase, Mund und passende Kleidung dazugemalt werden.

Schwierigkeitsgrad
● ○ ○

Motivgröße
ca. 21 cm x 30 cm

Material
* Gouachefarbe in Rot, Gelb, Blau, Hellgrün, Orange, Weiß und Schwarz
* Tonpapier in Brombeere oder Braun, A4
* Borstenpinsel oder Schwamm
* mehrere Pappteller

UNSER ELTERN-TIPP
Ermuntern Sie die Kinder zum Experimentieren, sodass sie ihre Hände mal gespreizt und mal geschlossen abdrucken oder nur die Fingerkuppen verwenden. Ein Motiv, das die Gruppenzusammengehörigkeit etwa in der Krippe stärkt, ist eine von mehreren Kindern gemeinsam gedruckte Blüte.

Wandelbar

aus Schachtelschiff wird Schachtelschloss

16 | Papier

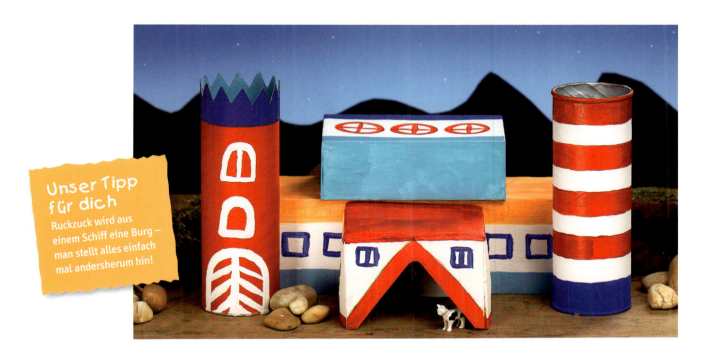

Unser Tipp für dich
Ruckzuck wird aus einem Schiff eine Burg – man stellt alles einfach mal andersherum hin!

Schwierigkeitsgrad
● ○ ○

Motivhöhe
je nach Schachtel ca. 30 cm

Material
* leere Schachteln in unterschiedlichen Größen und Formen
* leere Chipsrollen
* Haushaltsschere
* Cutter
* Acrylfarbe in Rot, Gelb, Blau und Weiß
* breiter Pinsel
* dünner Borstenpinsel
* Klebstoff
* mehrere Pappteller
* Wasserbecher
* Kreppklebeband

1 Halten Sie mit Ihrem Kind in Supermärkten Ausschau nach leeren Verpackungen und Kartons. Hier können Sie originelle Formen finden, die sich beispielsweise für ein Schachtelschiff gut eignen.

2 Verändern Sie die Formen nach Belieben mit Schere oder Cutter. Sie können Fenster oder Türen einschneiden. Oft sieht es aber genauso schön aus, gewünschte Details später einfach aufzumalen. Probieren Sie mit den Kindern verschiedene Anordnungen der Kartons aus.

3 Mit weißer Farbe und einem breiten Pinsel grundiert das Kind die Verpackungen und Kartons. Sollte nach dem ersten Anstrich die Beschriftung noch erkennbar sein, grundiert der kleine Bastler die Schachteln ein zweites Mal. Danach müssen die Objekte etwa zwei Stunden gut durchtrocknen.

UNSER ELTERN-TIPP
Schatz an Bord! Verstecken Sie eine Kleinigkeit zum Naschen im Schachtelschiff. So mancher Kapitän oder Pirat freut sich darüber!

UNSER ELTERN-TIPP
Alternativ zum Grundieren können Sie zusammen mit den Kindern die Chipsrollen mit farbigem Tonpapier überziehen. Dazu das Papier mit dem Flachpinsel einkleistern und anschließend um die Rolle wickeln. Dann das Papier vorsichtig Stück für Stück andrücken und gut glatt streichen.

4 Wollen die Kinder Ringelstreifen an Türmen und Schornsteinen? Dann kleben Sie die Dosen mit Kreppklebeband ab.

5 Jetzt kann Ihr Kind sein Schachtelschiff mit Streifen, Mustern und Details verzieren.

6 Größere Kinder oder Erwachsene vollenden das Werk: Es werden Fenster und Türen mit einer Kontrastfarbe aufgemalt. Für einen Schornstein können an einer Seite der Chipsdose Zacken eingeschnitten werden. Wenn alles gut getrocknet ist, wird das Schachtelschiff aufgebaut.

Wurfwunder

Klatschball aus bunten Papieren

Schwierigkeitsgrad
● ○ ○

Motivgröße
ca. ø 5,5 cm

Material
* Zeitungspapier
* Universalpapier in Gelb oder Violett, 15 cm x 15 cm
* Krepppapier in verschiedenen Farben, 2 cm breit, 30 cm lang
* dünne Schnur in Gelb oder Blau
* Filzstift in Schwarz und Orange

Unser Tipp für dich
Wie spielt man mit einem Klatschball? Zwei Kinder stellen sich gegenüber und klatschen sich mit der flachen Hand das „Peteca" zu. In Südamerika spielen das viele Kinder!

1 Als Erstes knüllt Ihr Sprössling das Zeitungspapier zu einem Ball zusammen.

2 Das Kind schneidet die Krepppapierstreifen in unterschiedlichen Längen ab.

3 Gehen Sie Ihrem Kind dabei zur Hand, die Streifen am unteren Ende zusammenzukleben.

4 Das Kind legt das Zeitungspapierknäuel in die Mitte des Universalpapiers. Gemeinsam umformen Sie nun das Knäuel mit dem bunten Papier, sodass die Kreppstreifen als Schweif aus der Kugel hängen.

5 Während Ihr Kind den Hals des Klatschballs zuhält, können Sie es mit der Schnur verschließen.

6 Abschließend kann der Klatschball noch ein lustiges Gesicht aufgemalt bekommen.

UNSER ELTERN-TIPP
Binden Sie eine 30 cm lange Schnur um den Hals des Klatschballs, dann hat das Kind einen Schleuderball.

Knallbunte Kreisel

mit gerissenen Papierflocken verziert

Schwierigkeitsgrad
● ○ ○

Motivhöhe
ca. ø 10 cm

Material
* Tonpapierreste in Rot, Orange, Pink, Hell- und Dunkelgrün
* Fotokarton in Gelb, A4
* Rundholzstab, ø 0,5 cm, 7 cm lang
* Bleistiftspitzer
* Tapetenkleister
* Zirkel

1 Rühren Sie einen Löffel Kleister mit einer Tasse Wasser an.

2 Zeichnen Sie mit einem Zirkel einen Kreis, ø 10 cm, auf den Fotokarton und schneiden Sie ihn zusammen mit Ihrem Kind aus.

3 Das Kind reißt aus den Tonpapierresten Stücke.

4 Das Kind gibt abschnittweise mit den Fingern Kleister auf den Kreis und drückt die Papierschnipsel nacheinander darauf.

5 Spitzen Sie den kleinen Holzstab mit dem Bleistiftspitzer an und stecken Sie ihn durch die Kreismitte.

6 Schon kann das Kind den selbst gemachten Kreisel zum Tanzen bringen.

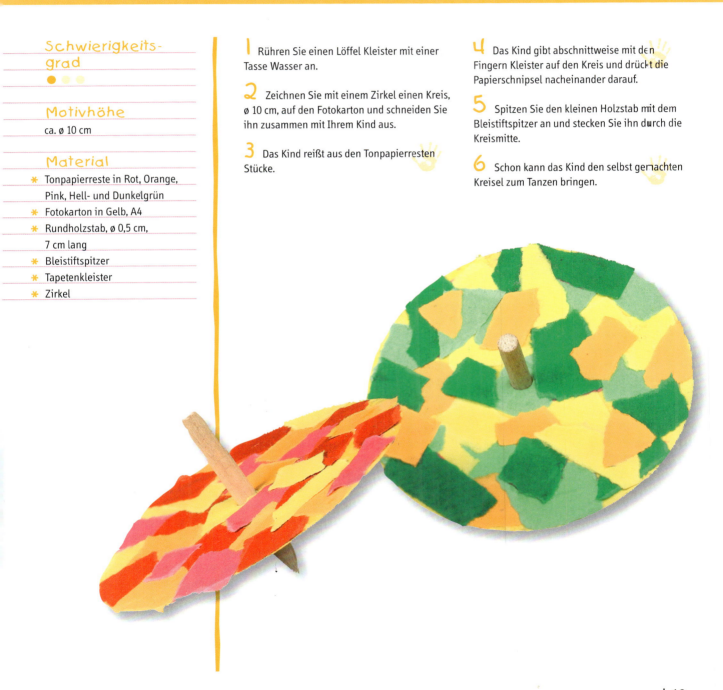

Einfach prickelnd!

süße geprickelte Erdbeer-Karte

Schwierigkeitsgrad

Motivgröße
21 cm x 15 cm

Material
* Tonkarton in Weiß, A5
* Tonkartonrest in Rot und Hellgrün
* Prickelnadel oder Stopfnadel
* Prickelmatte, Moosgummi oder Teppichrest
* Klebestift
* Transparentpapier
* Bleistift

Vorlage
Seite 105

UNSER ELTERN-TIPP
Als Vorübung können die Kinder leere Käseschachteln durchlöchern und die Löcher danach mit dünnen Stricknadeln vergrößern: So erhalten sie ein Sieb zum Spielen im Sandkasten.

Unser Tipp für dich
Zusammen macht das Prickeln noch mehr Spaß! Ein großes Bild kann auch gemeinsam mit Geschwistern oder Freunden gestaltet werden. Wolken und Luftballons am Himmel, ein bunter Riesenschmetterling, leckere Bonbons oder ein Fischschwarm im Meer lassen sich schnell prickeln.

1 Bei sehr kleinen Kindern sollten Sie selbst das Übertragen übernehmen. Dazu legen Sie erst das Transparentpapier auf die Vorlagenzeichnung und fahren die Umrisse mit einem weichem Bleistift nach. Das Pauspapier wird dann mit der beschriebenen Seite auf den Tonkarton gelegt und die Umrisslinie noch einmal von der Rückseite her kräftig durchgeschrieben. Der Druck bewirkt, dass sich die Grafitspur auf das farbige Papier überträgt: Das Motiv erscheint seitenverkehrt.

2 Mithilfe einer Prickelnadel locht das Kind nun die Erdbeere aus dem Tonkarton. Der kleine Bastler sollte dabei immer auf der Umrisslinie bleiben und die Löcher im gleichen Abstand setzen.

3 Wenn die Erdbeere ringsherum ausgestanzt ist, kann es Ihr Kind vorsichtig aus dem Papier reißen. Je gleichmäßiger die Löcher gesetzt sind, desto einfacher lässt sich das Motiv herauslösen.

4 Beim Aufkleben einzelner Motive zu einem Gesamtbild benötigt das Kind sicher Ihre Hilfe. ... Und welches Obst isst Ihr Kind sonst noch gerne?

Knöllchen

Knüllbilder für Einsteiger

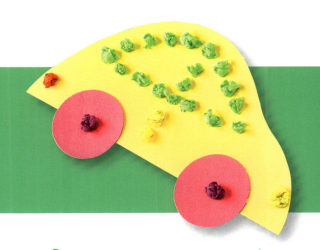

Schwierigkeitsgrad

Motivhöhe
Blume 15,5 cm
Auto 11,5 cm
Schnecke 15,5 cm

Material
* Fotokartonrest in Orange, Gelb, Rosa und Pink
* Krepppapierrest in Gelb, Rot, Blau, Lila und Hellgrün
* Buntstift in Schwarz und Rot
* Klebstoff

Vorlage
Seite 102+105

1 Übertragen Sie die Vorlagen auf den Fotokarton und schneiden Sie diese zusammen mit dem Kind aus.

2 Ihr Kind reißt kleine Stücke vom Krepppapier ab und knüllt diese zwischen Daumen, Mittel- und Zeigefinger zusammen.

3 An der gewünschten Stelle gibt das Kind nun einen Tropfen Klebstoff auf die Kartonform und setzt jeweils eine geknüllte Kugel drauf. Abschließend wird das Motiv mit Buntstiften ausgestaltet.

Krokodil und Regenwurm

Tierisches aus Pappe, Farbe und Bastelfilz

1 Schneiden Sie die Papprollen in beliebig viele 2 cm bis 4 cm breite Rollen. Für den Kopf und den Schwanz zwei ca. 7 cm lange Papprollen abschneiden. Kopf- und Schwanzstück zusammendrücken und mit der Schere einen Halbkreis für den Kopf und ein abgerundetes Dreieck als Schwanzspitze ausschneiden. Das Gesicht des Krokodils wird von lustigen Höckern gerahmt: Die Papprolle einschneiden und hochklappen.

2 Der Arbeitsplatz des Kindes sollte aus einer geeigneten Malunterlage und einer Malpalette bestehen, in der es für das Krokodil alle Grüntöne und für den Regenwurm alle Orangetöne mischen kann.

3 Der kleine Dompteur malt alle Papprollen – auch Kopf und Schwanz – mit einem breiten Borstenpinsel in Orange oder Grün an. Das Kind kann dabei für jede Papprolle eine andere Farbe verwenden und nach dem Trocknen Muster wie Punkte oder Streifen aufmalen.

> **UNSER ELTERN-TIPP**
> Wenn Sie nicht alle Farben vorrätig haben, können Sie verschiedene Grüntöne auch durch Beimischen von blauer oder gelber Acrylfarbe bekommen. Varianten bei den Orangetönen erhalten Sie durch Beimischen von gelber, weißer und roter Farbe.

4 Schneiden Sie den Filz auf die passende Breite (Kopfrundung + 1 cm) zu.

5 Als Nächstes klebt das Kind die Bastelfilzstücke 1 cm überlappend, bis zur gewünschten Gesamtlänge aneinander. Dann kleben Sie den Filz längs zur Rolle.

6 Nach dem Trocknen kann Ihr Kind alle angemalten Papprollen auffädeln und zuletzt das Schwanzteil festkleben.

7 Der Regenwurm bekommt zwei orangefarbene Wackelaugen und das Krokodil die schwarzen Augen aufgeklebt. Außerdem kann Ihr Kind dem Krokodil noch Zähne und eine Zunge aus Filz ausschneiden und am Kiefer festkleben – dann sieht es richtig gefährlich aus!

> **UNSER ELTERN-TIPP**
> Der Krokodilkörper kann nach dem Zusammenkleben (längs) bis zum vollständigen Trocknen mit Stecknadeln fixiert oder mit einem Buch beschwert werden.

22 | Papier

Schwierigkeitsgrad
● ● ○

Motivlänge
Krokodil ca. 50 cm
Regenwurm ca. 60 cm

Material
* Klopapier- und Küchenpapierrollen
* Malpalette oder Pappteller
* Borstenpinsel

zusätzlich Krokodil
* Bastelfilz in Hell- und Dunkelgrün, A4
* Bastelfilzreste in Weiß und Rot
* Acrylfarbe in verschiedenen Grüntönen
* 2 Wackelaugen in Schwarz, ø 1,5 cm

Regenwurm
* Bastelfilz in Hell- und Dunkelorange, A4
* 2 Wackelaugen in Orange, ø 1 cm
* Acrylfarbe in verschiedenen Orangetönen

Spendensammler

Cappuccino- wird Spardose

Schwierigkeitsgrad
● ● ○

Motivhöhe
ca. 14 cm

Material
- Cappuccinodose, ø 8,5 cm, 13 cm hoch
- Universalpapierrest in Blau, Lila und Rosa
- Universalpapier in Orange, 12,5 cm x 30 cm
- Tonpapier in Gelb, 30 cm x 4 cm
- Pompon in Rot und Hellblau, ø 2 cm
- Satinband in Hellblau, 0,8 cm breit, 30 cm lang
- Filzstift in Schwarz und Rot
- Klebstoff

1 Ihr Kind beginnt, indem es die Dose mit Universalpapier in Orange umklebt.

2 Das Kind reißt aus den blauen, rosa- und lilafarbenen Papierresten kleine Stücke und klebt diese mit dem Klebstoff auf die untere Hälfte der Dose.

3 Kleben Sie das Satinband auf und binden Sie es vorne zur Schleife.

4 Das Kind malt mit den Stiften das Gesicht und klebt die rote Pomponnase auf. Für kleine Visagisten zeichnen Sie es am besten mit Bleistift vor.

5 Knicken Sie den gelben Papierstreifen längs 1 cm um.

6 Das Kind schneidet Streifen bis zum Falz. Nachdem es den Klebstoff innen um den Dosenrand aufgetragen hat, klebt es mit Ihrer Hilfe innen den Haarstreifen an.

7 Der Sparschlitz wird von Ihnen mit einer spitzen Schere eingeschnitten.

8 Den Deckel auf die Dose setzen und die Haare etwas nach oben biegen. Das Kind klebt den blauen Pompon auf.

24 | Papier

Blaulicht

Transparentpapier in Bestform

1. Blasen Sie einen Luftballon etwa ø 10 cm groß auf und verknoten Sie ihn.

2. Dann wird der Luftballon mit einem kleinen Stück doppelseitigem Klebeband auf der Glasscheibe der Taschenlampe festgeklebt.

3. Um den Glasrand der Taschenlampe klebt das Kind kreisförmig 1 cm breit doppelseitiges Klebeband und zieht die Schutzfolie ab.

4. Das Transparentpapier wird über den Luftballon gelegt und mit beiden Händen über diesen gestülpt. Drücken Sie das Transparentpapier am Rand der Taschenlampe zusammen, damit es sich am Klebeband selbständig festklebt.

5. Wenn das Blaulicht auch noch lustig klimpern soll, fädelt das Kind auf einen blauen Papierdraht Glöckchen auf. Anschließend wickelt es den Papierdraht um das zusammengedrückte Transparentpapier und verzwirbelt die Enden miteinander.

6. Das überstehende Transparentpapier kann man mit einer Kinderschere abschneiden.

UNSER ELTERN-TIPP
Wenn Sie Transparentpapier in Orange, Gelb oder Pink verwenden, erhalten Sie schnell eine schicke Diskorassel.

Schwierigkeitsgrad
● ● ●

Motivlänge
ca. 25 cm

Material
* Taschenlampe
* Transparentpapier in Blau, A3
* Luftballon in Weiß
* doppelseitiges Klebeband
* 5 Metallglöckchen in Silber, ø 1,9 cm
* Papierdraht in Dunkelblau, 50 cm
* Kinderschere

Piraten in Sicht!

Fernglas und Fernrohr aus Papprollen

Schwierigkeitsgrad

Motivgröße
Fernglas ca. 10 cm
Fernrohr ca. 25 cm

Material
* Acrylfarbe in Schwarz
* Klebstoff
* dicker Haarpinsel

zusätzlich Fernglas
* 2 Klopapierrollen
* Dekobänder in Gold, 4 x 5 mm breit, 17 cm lang
* Dekobänder in Rot, 2 x 1,5 cm breit, 17 cm lang
* Kordel in Rot, ø 7 mm, 1 m lang

Fernrohr
* Küchenrolle
* Dekoband in Gold, 4 cm breit, 17 cm lang
* Dekobänder in Rot, 2 x 1,5 cm breit, 17 cm lang
* Klebesternchen in Silber, ø 2 cm

Fernglas

1 Bevor es auf große Entdeckungsreise geht, malt das Kind die beiden Klorollen mit der schwarzen Acrylfarbe und dem Haarpinsel an. Die Farbe sollte gut trocknen.

2 Nun streicht der Bastelzwerg den Klebstoff auf die vier goldenen Bänder und klebt sie – am besten zusammen mit dem Erwachsenen – gleichmäßig um die Klorollen herum auf.

3 Kleben Sie die beiden Rollen mit Klebstoff zusammen und fixieren Sie sie mit zwei Wäscheklammern oben und unten solange, bis der Klebstoff getrocknet ist.

4 Bohren Sie mit einer spitzen Schere links oben und rechts oben jeweils zwei Löcher im Abstand von 2 cm, ziehen Sie die Kordel hindurch und verknoten Sie diese.

Fernrohr

1 Der kleine Bastler malt die Küchenrolle mit der schwarzen Acrylfarbe und dem Haarpinsel an. Die Farbe gut trocknen lassen.

2 Nun streicht das Kind den Klebstoff auf die zwei roten Bänder und klebt sie – am besten zusammen mit Ihnen – gleichmäßig um die Küchenrolle herum auf. Genauso klebt Ihr Sprössling auch das breite goldene Band am Ende der Rolle auf.

3 Lösen Sie das Klebesternchen von der Folie und reichen Sie es dem Kind.

4 Das Sternchen kann das Kind jetzt auf eine beliebige Stelle auf dem Fernrohr aufkleben. Am besten auf die gegenüberliegende Seite des goldenen Bandes. Und schon kann man auf große Kaperfahrt fahren!

26 | Papier

Winterzauber

Faltschnitt-Schneeflocke

1 Falten Sie jeden Bogen Tonpapier gemeinsam mit Ihrem Kind wie in den Abbildungen 1–4 auf der Vorlagenseite beschrieben.

2 Übertragen Sie das Motiv der Schneeflocke mit Kohlepapier auf das gefaltete Papier und schneiden Sie es aus.

3 Geben Sie jede der vier Farben in einen separaten Schraubglasdeckel und zerschneiden Sie den Schwamm in vier Teile.

4 Nach dem Auffalten der zugeschnittenen Schneeflocken kann Ihr Kind mit dem Stempeln beginnen. Dazu tunkt es einen Schwamm in einen Deckel mit Farbe und tupft ihn auf seine Flocke. Man kann seine Schneeflocke mit nur einer Farbe oder mit allen Farben übereinander stempeln. Die letzte Farbschicht sollte aber Silber sein.

UNSER ELTERN-TIPP
Wenn Ihrem Kind die Vorbereitungen zu lange dauern, kann es mit dem Stempeln auf einem weißen Stück Papier beginnen, das nach dem Trocknen gefaltet und zugeschnitten wird.

Schwierigkeitsgrad
●○○

Motivgröße
ca. 20 cm

Material
* Tonpapier in Weiß, A4
* Acrylfarbe in Hellblau, Rosa, Weiß und Silber
* Haushaltsschwamm
* 4 Deckel von Schraubgläsern
* Kohlepapier

Vorlage
Seite 105

28 | Papier

Reibekatze
in der Frottage-Technik

Schwierigkeitsgrad
● ○ ○

Motivgröße
30 cm x 21 cm

Material
* einige Bogen Druckerpapier in Weiß, A4
* Tonkarton in Rot, A4
* Wachsmalkreiden in vielen Farben
* Bleistift
* Klebestift
* Filzstift in Schwarz

1 Das Kind legt sein Papier über einen Gegenstand und rubbelt seine Struktur mit verschiedenen Wachsmalkreiden durch. Ab und zu kann es sein Blatt etwas verschieben, dann ergibt das ein tolles Muster.

2 Zeichnen Sie mit dem Bleistift den birnenförmigen Leib, Kopf und Schwanz der Katze auf das Frottagepapier. Reißen Sie nun die Einzelelemente gemeinsam mit Ihrem Kind vorsichtig entlang der Zeichnung aus dem Papier. Die Katze wird anschließend mit Klebstoff auf dem roten Tonkarton fixiert.

3 Malen Sie nun das Gesicht der Mieze mit schwarzem Filzstift auf.

UNSER ELTERN-TIPP
Die Abriebtechnik (Frottage) regt zum Rätseln an: Lassen Sie Ihren kleinen Bastler nacheinander zwei Gegenstände überlappend durchrubbeln. Ein anderes Kind darf nun raten, was denn darunter lag.

Unser Tipp für dich
Zum Durchrubbeln eignet sich fast alles mit einer rauen Oberfläche: Tapete, Münzen, Büroklammern, Federn, Knöpfe, der Heizkörper, Holzstücke, Baumrinde, Herbstblätter, Pfannenwender, eine Bambusmatte, Noppenfolie, der Fußboden oder auch mal ein Sieb. Einfach ausprobieren!

Fundsachen

Alles ist zum Basteln da: Eierkartons, Trinkjoghurt-Fläschchen und anderes Recyclingmaterial, Haushaltsgegenstände wie Fenstertücher und Naturmaterialien wie Schneckenhäuser. Auch ohne teure Materialien kann Ihr Kind seinen Schaffensdrang ausleben. Joghurtbecher etwa können originelle, neue Funktionen bekommen und werden blitzschnell zu Sambarasseln. Filmstreifen, ausrangierte Dias oder bunte Folien werden zu Kinobrillen. Fundsachen aus Haus und Garten können Grundlage großartiger Bastelarbeiten sein, sind ungewöhnlich, leicht zu beschaffen und günstig, auch für größere Gruppen.

Aber auch mit Lebensmitteln kann man – völlig ungefährlich – basteln. Sie sind kompostierbar und können Anlass eines Gesprächs über unsere Ressourcen sein. Vor allem haben sie aber lustige, inspirierende Formen: Kartoffeln bekommen Gesichter und Nudeln werden zu schmucken Ketten. Auch der Klassiker Salzteig darf nicht fehlen! Mit ihm können wir uns die Sterne vom Himmel holen …

Königliche Hoheiten
Kartoffelkönig und Kartoffelkönigin

Schwierigkeitsgrad
● ○ ○

Motivgröße
ca. 55 cm

Material
* 2 Kartoffeln
* 2 Rundholzstäbe, ø 5 mm, 50 cm lang
* Haushaltstuch in Gelb und Rosa, 38 cm x 38 cm
* Organzaband in Pink, 8 mm breit, 70 cm lang
* Organzaband in Orange, 5 cm breit, 70 cm lang
* Organzaband in Gold mit Sternchen, 4 cm breit, 40 cm lang
* Wollrest in Gelb
* Krepppapierrest in Rot
* Goldkartonrest, 3 cm breit, 25 cm lang
* Permanentmarker in Schwarz und Orange
* Klebstoff
* Bleistiftspitzer

UNSER ELTERN-TIPP
Auch aus anderem Gemüse lassen sich originelle Figuren basteln: aus Lauch oder Sellerie beispielsweise.

1 Spitzen Sie die Rundholzstäbe mit dem Bleistiftspitzer an.

2 Das Kind legt das neue Haushaltstuch mittig auf den oben angespitzten Holzstab. Die Kartoffel steckt es als Kopf oben fest auf.

3 Jetzt können Sie gemeinsam die Gesichter gestalten: Geknülltes Krepppapier als Nase aufkleben. Beim König werden noch zwei weitere rote Knöllchen als Ohren rechts und links am Kopf mit Klebstoff fixiert. Augen, Wangen und Mund mit Permanentmarker aufmalen.

4 Sie sind der Friseur: Für die Königin gelbe Wollreste auf ca. 20 cm zuschneiden, in der Mitte mit einem Wollfaden zusammenbinden und als Haare auf den Kartoffelkopf kleben. Der König ist kahl.

5 Ihr Kind darf die Kronen aus dem Goldkartonstreifen ausschneiden. Streifen als Krone zusammenkleben und auf dem Kartoffelkopf aufkleben.

6 Binden Sie die edlen Schleifen um die königlichen Hälse.

UNSER ELTERN-TIPP
Gestalten Sie verschiedene Figuren und führen Sie mit ihnen ein „Kartoffeltheaterstück" auf.

32 | Fundsachen

Putzige Pappzwerge
Eierkartonfiguren

Schwierigkeitsgrad
● ● ●

Motivgröße
ca. 12 cm

Material
* Acrylfarbe in Gelb, Orange, Hautfarben, Rot, Blau, Hell- und Dunkelgrün
* Wattekugel, ø 2,5 cm,
* Wollreste in Rot oder Märchenwolle in Naturweiß
* Universalpapierrest in Rot
* Wattestäbchen
* Haarpinsel
* Zahnstocher
* dünner Filzstift in Schwarz und Rot
* Schere
* Alleskleber

UNSER ELTERN-TIPP
Aus Eierkartons lassen sich außerdem großartige Raupen, Schildkröten oder Fingerpüppchen basteln. Probieren Sie es aus!

1 Schneiden Sie pro Zwerg zwei becherförmige Vertiefungen aus einem Eierkarton. Die Abstandshalter werden zu Zipfelmützen. Kürzen Sie sie dazu auf 4 cm.

2 Stecken Sie jede Wattekugel auf einen Zahnstocher, sodass Ihr Kind sie wie ein Eis am Stiel halten kann. Die untere Spitze des Zahnstochers wird abgeschnitten, damit sich das Kind nicht verletzt.

3 Das Kind malt mit der hautfarbenen Acrylfarbe die Wattekugelköpfe an.

4 Die breiten und die spitzen Näpfchen werden vom Kind in den gewünschten Farben angemalt.

5 Sind die Farben getrocknet, kann Ihr Kind Hüte und Kleidung der Figuren noch mit kleinen Tupfen verzieren. Diese werden mit einem Wattestäbchen aufgedruckt. Die bemalten Teile müssen gut durchtrocknen.

6 Bei jedem Zwerg klebt das Kind die Kleidernäpfchen gegeneinander. Die Hüte werden auf die Köpfe geklebt. Der Kopf mit Hut wird mit Alleskleber auf der Napfmitte fixiert.

7 Die Feinarbeit übernehmen dann wieder Sie: Die aus rotem Universalpapier geknüllte Nase fixieren Sie in der Mitte des Gesichts. Mund und Augen mit Filzstiften gestalten. Die Haare aus Märchenwolle oder Wollfäden kleben Sie seitlich unter den Hut. Fertig sind die kleinen Wichte!

Konfettischnecke

Schnecke mit Papierflockenhaus

Schwierigkeitsgrad
● ●

Motivgröße
ca. 15 cm

Material
* Schneckenhaus (Meeresschnecke)
* Konfetti
* Modelliermasse, lufttrocknend, 300 g
* Kleister
* 2 Wackelaugen, ø 6 mm
* Chenilledraht in Orange, 2 x 4 cm lang und 1 x 1 cm lang
* Klebstoff

1 Rühren Sie den Kleister nach Packungsangaben an und lassen Sie ihn quellen.

2 Das Kind bestreicht das Schneckenhaus mit Kleister und streut dann Konfetti darauf. Man sollte nichts mehr von der ursprünglichen Farbe des Schneckenhauses sehen.

3 Während das Schneckenhaus trocknet, modelliert das Kind die Schnecke. Etwa 200 g Modelliermasse benötigt man für Rumpf und Schwänzchen, 100 g für den Kopf.

4 In die noch feuchte Modelliermasse wird das Schneckenhaus gedrückt. Die beiden Chenilledrahtfühler und das kleine Näschen werden ebenfalls in die Modelliermasse gesteckt.

5 Ist die Schnecke gut getrocknet, können Sie die beiden Wackelaugen aufsetzen.

Unser Tipp für dich
Konfetti kann man mit einem Bürolocher und buntem Papier auch selber stanzen.

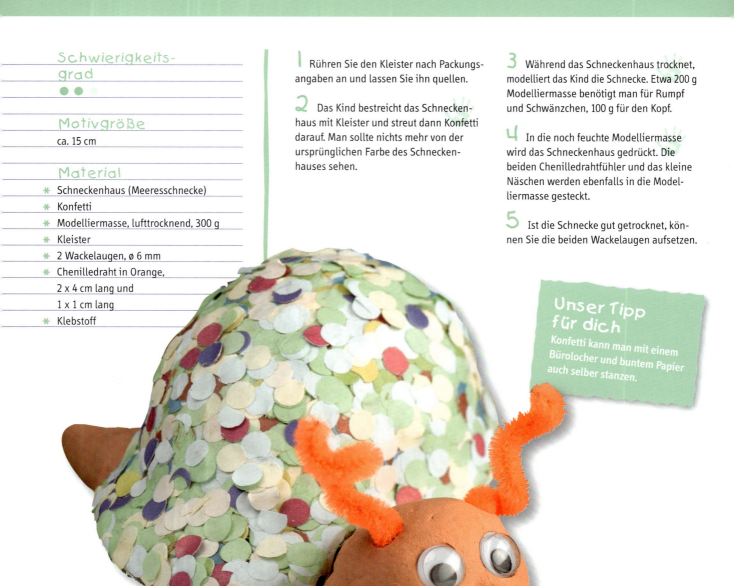

34 | Fundsachen

Glitzernde Schneekugel
umfunktioniertes Marmeladenglas

Schwierigkeitsgrad
● ○ ○

Motivgröße
ca. 7 cm

Material
* Marmeladenglas mit Schraubdeckel
* Bärchen
* Glitter in Silber
* Geschenkband in Rot, 30 cm lang
* Klebstoff
* Schmirgelpapier

Unser Tipp für dich
Ein kleines Lieblingstier lässt sich gut aus Fimo® modellieren!

1 Das Kind beginnt, indem es das Marmeladenglas gründlich spült.

2 Das Glas mit Wasser füllen und Glitter dazu geben.

3 Helfen Sie Ihrem Sprössling dabei, das Deckelinnere mit Schmirgelpapier aufzurauen.

4 Ihr Kind kann nun eine Figur aussuchen und sie anschließend mit Klebstoff auf der Innenseite des Deckels aufkleben. Sehr gut trocknen lassen.

5 Anschließend den Deckelinnenrand mit reichlich Klebstoff füllen und auf das Glas schrauben. Mindestens eine Stunde trocknen lassen.

6 Zum Schluss, damit man den Klebstoff am Deckel nicht so sieht, Geschenkband um das Glas binden. Jetzt schütteln!

| 35

Heiße Sambarhythmen
Instrumente aus Fundstücken

Schwierigkeitsgrad
● ● ○

Material
- Acrylfarbe in Orange, Grün, Blau und Weiß
- Klebstoff

Glocke
- Tontöpfchen, ca. 7 cm hoch
- Holzkugeln, ø 1,5 cm 2 x Blau, 1 x Gelb
- Flachperle in Orange, ø 1,2 cm
- dünne Schnur in Gelb, 50 cm lang

Doppelrassel
- 2 Joghurtbecher
- Füllmaterial (z. B. Reis)

Stabrassel
- Joghurtbecher (Fruchtzwerg)
- Fotokartonrest in Gelb
- Rundholzstab, ø 5 mm, 15 cm lang
- Holzkugel in Orange, ø 1,5 cm
- Füllmaterial (z. B. Reis)
- Bleistiftspitzer

Glocke

1 Der kleine Tontopf wird blau, sein Rand weiß grundiert.

2 Nach dem Trocknen kommen die orangefarbenen Tupfen drauf. Diese tupft das Kind mit den Fingerspitzen auf.

3 Knoten Sie eine blaue Kugel als Klöppel an die gelbe Schnur und 5 cm höher eine weitere Holzkugel als Stopper.

4 Das Kind fädelt die Schnur durch das Loch des Blumentöpfchens und zieht weitere Rund- und Flachperlen als Verzierung auf.

Doppelrassel

1 Das Kind dippt mit dem Zeigefinger in die Farbe und druckt damit solange auf den Joghurtbecher, bis die Farbe am Finger aufgebraucht ist. Zuerst alle Tupfen einer Farbe drucken, dann den Finger reinigen und die nächste Farbe nehmen. Trocknen lassen.

2 Die Joghurtbecher werden vom Kind mit jeweils einem Teelöffel Reis befüllt. Der Rand wird mit Klebstoff bestrichen und mit einem Zwillingsbecher verschlossen.

UNSER ELTERN-TIPP
Man kann aus vielen gleich großen Joghurtbechern ein Hörmemo-Spiel gestalten, indem man jeweils in zwei Behälter das gleiche Material (Nussschalen, Linsen, Erbsen, Reis, Sand oder kleine Perlen) in gleicher Menge gibt. Dann kann's losgehen: verschließen, schütteln und raten.

Stabrassel

1 Einen einzelnen Joghurtbecher bedruckt das Kind wie für eine Doppelrassel.

2 Schneiden Sie einen Kreis mit dem Durchmesser 7 cm aus dem gelben Fotokarton zu.

3 Ist auch er mit Reis befüllt, verschließt das Kind den Joghurtbecher mit Klebstoff und der gelben Kartonscheibe.

4 Spitzen Sie den Holzstab der Stabrassel mit dem Bleistiftspitzer an. Dann stechen Sie ihn durch den Becherboden (mit der Scherenspitze ggf. vorbohren) und oben durch die aufgeklebte Pappscheibe.

5 Als Abschluss erhält die Stabrassel eine Holzkugel, die das Holzstäbchen fixiert. Die Holzkugel wird vom Kind mit Klebstoff darauf befestigt.

36 | Fundsachen

Durchblick schaffen
verrückte Brillen

Schwierigkeitsgrad

Motivbreite
ca. 14 cm

Material
* Tonpapier- oder Fotokartonreste in verschiedenen Farben und Mustern
* transparente Folie in Rot und Blau (z. B. Einbandfolie oder Diastreifen)
* Glitter in Rot und Silber
* elastischer Nähfaden in Weiß
* Nähnadel mit großem Öhr
* Alleskleber

Vorlage
Seite 104

UNSER ELTERN-TIPP
Wenn das Kind den Gummifaden an der Brille nicht mag, kann man den Faden auch weglassen und unten an der Brillenmitte eine Wäscheklammer anzwicken. Dann kann das Kind die Brille an der Klammer festhalten und auch so die Welt in Rosa oder Hellblau betrachten.

1 Übertragen Sie die gewünschte Brillenform auf Tonpapier und nochmals etwas kleiner auf die transparente Folie.

2 Das Kind schneidet zusammen mit einem Erwachsenen die beiden Brillenteile aus.

3 Schneiden Sie mit einer spitzen Schere die Sehfelder in die Brille.

4 Die Rückseite der Pappbrille bestreicht der kleine Optiker mit etwas Klebstoff und klebt dann die Folie darauf. Jetzt kann man die Vorderseite mit Glitter verzieren. Natürlich können hier auch Stifte, Zieredelsteine und sogar Federn zum Einsatz kommen!

5 Messen Sie den elastischen Nähfaden am Kopf des Kindes ab (geben Sie zur Befestigung noch ein Stück dazu) und befestigen ihn auf beiden Seiten der Brille. Der Nähfaden sollte nicht zu eng am Kopf sitzen.

Leuchtende Laterne

Käseschachtellaternen mit Kleksografie

Schwierigkeitsgrad
● ○ ○

Motivhöhe
ca. 20 cm

Material
- Architektenpapier, 50 cm x 20 cm
- Käseschachtel, rund, ø 15 cm
- Malfarbe transparent (Cromarfarbe) in Rot, Gelb und Blau
- Klebstoff
- Küchenkrepp
- ggf. Laternentragebügel

1 Falten Sie das Architektenpapier einmal der Länge nach zu und öffnen Sie es wieder.

2 Das Kind trägt auf einer Seite viele Farben in dicken Klecksen auf. Die Farbe sollte nicht bis ganz an den Rand aufgetragen werden, da die Farbe sonst durch das Pressen herausgedrückt wird.

3 Dann wird die leere Seite auf die farbige Seite umgefaltet und die Farbe, die jetzt innen ist, mit der Hand verstrichen.

4 Ziehen Sie das Papier zügig und vorsichtig auseinander.

5 Das Papier muss jetzt etwa einen halben Tag trocknen.

6 Ihr Kind kann unterdessen die Käseschachtel in seiner Lieblingsfarbe anmalen und trocknen lassen.

7 Bestreichen Sie den Papierrand gut mit Klebstoff und fixieren Sie das Papierstück in der unteren Hälfte der Käseschachtel. Immer wieder etwas ziehen und von außen andrücken, bis das Papier klebt. Setzen Sie dann den oberen Käseschachtelrand mit Klebstoff ein. Fertig ist die Laterne!

UNSER ELTERN-TIPP
Sie können ein Teelicht in die Laterne stellen oder sie mit einem Drahtbügel und einem Leuchtstab für den Martinsumzug aufrüsten.

Schweinerei

Verkleidung aus Pappmaché und Eierkarton

Schwierigkeitsgrad
● ●

Motivbreite
Maske ca. 18 cm

Material
* Tonkarton in Rosa, A3
* Fotokarton in Rosa, A3
* Eierkarton
* breiter Haarreif in Rosa
* Tapetenkleister
* Gummiband
* Filzstift in Schwarz
* Bürolocher
* Kinderschere

Vorlage
Seite 103

UNSER ELTERN-TIPP
Aus Eierkarton und Pappmaché lassen sich noch viele andere Bauernhoftiere gestalten – werden Sie erfinderisch!

1 Setzen Sie den Kleister an und lassen Sie ihn quellen.

2 Übertragen Sie nun die Vorlage der Maske und der Ohren auf rosafarbenen Fotokarton.

3 Anschließend kann Ihr Kind die drei Teile ausschneiden. Bei der Augenpartie sollten Sie zur Schere greifen!

4 Ihr Kind reißt jetzt den Tonkarton in kleine Papierfetzen und kleistert diese auf die Ohren und die Rückseite der Maske. Diese werden dadurch stabiler. Der Fotokarton sollte nicht mehr sichtbar sein. Gut trocknen lassen.

5 Die Ohren am unteren Rand 2 cm umknicken und mit Kleister und einigen rosafarbenen Papierfetzen am Haarreif fixieren. Gut trocknen lassen. Die lustigen Ohren sind schon mal fertig!

6 Legen Sie nun ein Eierkartonhütchen zwischen die Augen der Maske und fixieren Sie es mit Kleister und Tonkarton.

7 Das Kind kann nun auch die Vorderseite der Maske mit Tonpapierschnipseln und Kleister kaschieren. Ebenfalls gut trocknen lassen.

8 Malen Sie nun mit schwarzem Filzstift zwei Nasenlöcher auf den Eierkarton.

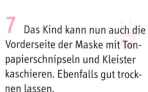

9 Zum Schluss an den Seiten der Maske jeweils ein Loch mithilfe des Bürolochers stanzen. Das Gummiband hindurchziehen und verknoten. Damit man das Gummiband nicht sieht, können Sie das Loch mit etwas Papier und Kleister verstecken.

10 Schneiden Sie überstehende Papierfetzen ab. Schon ist die Verkleidung perfekt!

Leckeres Geschmeide

Nudelketten mit Fimo®-Perlen

Schwierigkeitsgrad
● ○ ○

Material
* Nudeln
* Nylonfaden, ø 0,35 mm, 50 cm lang
* Fimo® in Lila, Rosa und Orange
* Zahnstocher

1. Suchen Sie im Supermarkt zusammen mit Ihrem Kind die lustigste Nudelform aus (es eignen sich Hütchen, Schleifen, Rädchen und Mini-Makkaroni). Nudelketten können pur getragen werden oder gemischt mit trendigen Fimo®-Perlen.

2. Ihr Kind kann diese Perlen selbst kreieren: Die Perlen entstehen beispielsweise, indem man rosa und lila Fimo® miteinander vermengt und zu Kugeln formt. Aus dem orangefarbenen Fimo® kann man auch kleine Bohnen formen.

3. Anschließend sollte das Kind mit einem Zahnstocher ein Loch durch jede Kugel stechen.

4. Nun sind Sie an der Reihe: Trocknen Sie die Perlen 30 Minuten lang auf 100 °C im Backofen.

5. Pro Kette benötigt das Kind etwa 50 cm Nylonschnur. Darauf kann es nun nach Herzenslust Nudeln und Perlen kombinieren.

6. Zum Schluss verknoten Sie die Nylonschnur fest.

UNSER ELTERN-TIPP
Besonders edel wird der Nudelschmuck Ihres Kindes, wenn Sie ihn mit Goldlack besprühen!

Tatüü Tataa!

Feuerwehrauto aus Fundsachen

Schwierigkeitsgrad

Motivgröße
ca. 16 cm x 25 cm

Material
* Pappschachtel, 11 cm x 11,5 cm x 25 cm
* Acryl- oder Temperafarbe in Rot und Weiß
* Tonpapier in Blau, 21 cm x 4 cm und je 2 x 3 cm x 4 cm (Fensterscheiben)
* Tonpapier in Grau, je 2 x 11 cm x 7 cm (Türen)
* Fotokartonrest in Schwarz
* Flaschenschraubverschlüsse aus Plastik, ø 3 cm, 6 x in Weiß, 2 x in Blau, 2 x in Rot und 2 x in Gelb
* dicker und mittelgroßer Haarpinsel
* Lackmalstift in Weiß
* Filzstift in Rot
* Alleskleber

Vorlage
Seite 103

1 Das Kind darf anfangen! Es nimmt den dicken Pinsel und malt den Karton mit der roten Farbe von allen Seiten an. Dann muss das Feuerwehrauto gut trocknen.

2 Malen Sie nun in Weiß die Ränder der vorderen Räder und der Stoßstangen mit dem mittelgroßen Pinsel auf. Ebenfalls gut trocknen lassen.

3 Übertragen Sie das Rad sechsmal auf den schwarzen Fotokarton. Schneiden Sie die Räder zusammen mit dem Kind aus und kleben Sie je drei auf eine Fahrzeugseite. Die Räder stehen unten zur Hälfte über den Karton hinaus. Übertragen Sie auch die Fenster und Türen, schneiden Sie sie aus und kleben Sie sie gemeinsam wie abgebildet auf. Die Frontscheibe vorher an den Markierungen falten.

4 Nachdem der Erwachsene die Ränder der Flaschenschraubverschlüsse mit Alleskleber versehen hat, darf das Kind sie wie auf dem Bild gezeigt ankleben.

5 Schreiben Sie mit dem weißem Lackmalstift „FEUERWEHR" unter die Windschutzscheibe und ziehen Sie mit dem roten Filzstift eine senkrechte Linie in die Mitte der grauen Türen.

Unser Tipp für dich
Zu einem „echten" Feuerwehrmann gehört auch die richtige (Ver-)Kleidung: Mit einer Sicherheitsweste und einem Fahrradhelm ist man da gut ausgerüstet.

Bunte Steine

Kieseln mit Farbe Leben einhauchen

1 Das Kind sucht sich zuerst im Garten oder im Park ein paar Kieselsteine, am besten flache, glatte und einfarbige. Diese sollte es gründlich waschen und sie gut trocknen lassen. Und schon kann man exotische Tiere kreieren!

2 Tupfen Sie die Augen der Tiere mit weißer Acrylfarbe und einem Wattestäbchen auf. Setzen Sie nach dem Trocknen mit dem schwarzen Permanentmarker noch einen Punkt in das Weiß.

UNSER ELTERN-TIPP
Natürlich lassen sich noch viele andere Tiere, Menschen oder Gegenstände für Haus und Garten anfertigen. Der Fantasie sind keine Grenzen gesetzt. Wer die gestalteten Steine draußen platzieren möchte, sollte diese vorher mit Sprühlack wasserfest machen.

Schlange

1 Hier werden die einzelnen Körperelemente nur aneinandergelegt. Malen Sie die Augen wie oben beschrieben, die Nasenlöcher und die grüne Linie am Rücken mit grünem Permanentmarker. Kleben Sie unter den Kopf die rote Schnur als Zunge, sodass sie vorne etwas heraussteht, und spalten Sie sie etwas.

2 Nun kann das Kind mit einem Wattestäbchen und orangefarbener Acrylfarbe die Punkte auftupfen, wo immer es sie haben möchte.

Marienkäfer und Igel

1 Malen Sie die Augen wie oben beschrieben auf, fügen Sie mit schwarzem Permanentmarker außerdem Nasenlöcher (Marienkäfer), Nase, Mund und Stacheln (Igel) hinzu. Der Marienkäfer bekommt mit roter Acrylfarbe sein rotes Gewand.

2 Nun kann Ihr Sprössling dem Marienkäfer mit einem Wattestäbchen und schwarzer Acrylfarbe die Punkte auftupfen, bis der Käfer vollkommen gepunktet ist.

Ente

1 Die Ente besteht aus einem Kopf- und einem Körperstein, die Sie aufeinanderkleben. Malen Sie die Augen wie oben beschrieben auf, außerdem den Schnabel mit gelber Acrylfarbe und schwarzem Permanentmarker.

2 Nun kann das Kind die beiden Federn rechts und links an den Entenkörper kleben.

Schwierigkeitsgrad
● ● ○

Motivgröße
je nach Stein ca. 3 cm – 5 cm

Material
* Kieselsteine in verschiedenen Formen und Größen
* Acrylfarbe in Weiß, Gelb, Orange, Rot und Schwarz
* Permanentmarker in Grün und Schwarz
* Pinsel und Wattestäbchen
* 2 Federn in Gelb
* Schnurrest in Rot
* Alleskleber

| 43

Blühender Sand

Spachtelbild aus Vogelsand

Schwierigkeitsgrad
● ● ○

Motivgröße
30 cm x 30 cm

Material
* Leinwand, 30 cm x 30 cm
* Tapetenkleister
* Vogelsand, ca. 150 g
* Acrylfarbe in Hellblau, Dunkelgrün, Gelb und Pink
* Spachtel
* 4 Marmeladengläser

1. Rühren Sie den Kleister an und lassen Sie ihn quellen.

2. Ihr Kind kann nun in jedem Marmeladenglas eine Farbe mit Kleister und Sand mischen.

3. Jede Farbe wird mit dem Spachtel auf die Leinwand aufgetragen und muss gut trocknen, bevor die nächste Farbe folgen kann.

4. Vor blauem Himmel entsteht so eine gelbe Blume mit grünem Stiel und pinken Staubgefäßen.

UNSERE ELTERN-TIPPS
Trocknen Sie die Kleistermasse mit einem Föhn, dann ist zügigeres Arbeiten möglich.

Die Farbe bleibt in den verschraubten Marmeladegläsern einige Tage feucht.

UNSER ELTERN-TIPP
Die Allerkleinsten tragen die Masse am besten ohne Motiv auf. So entstehen von ganz alleine fantastische Landschaften.

Irokesen und Comanchen
Totempfahl aus Fundstücken

Schwierigkeitsgrad
● ● ●

Motivhöhe
ca. 50 cm

Material
* Geschenkschachtel, 17 cm x 17 cm
* 15 Weinkorken
* Papprolle, 50 cm lang
* 20 Dekofedern in Gelb und Braun
* 2 gemusterte Federn
* Papierkordel mit Draht in Gelb, Braun und Grün, 50 cm – 1 m lang
* 2 Metallglöckchen, ø 1 cm, ø 2 cm und ø 2,4 cm
* Acrylfarbe in Dunkelgrün, Gelb und Dunkelrot
* Wattekugel, ø 4 cm
* doppelseitiges Klebeband
* Cutter
* einige Steine

1 Ihr Kind malt die Papprolle dunkelrot, den Kartondeckel und die Wattekugel dunkelgrün und den restlichen Karton gelb an.

2 Schneiden Sie nach dem Trocknen der Farbe in die Mitte des Kartondeckels ein Loch so groß wie die Papprolle und stecken Sie diese dort hinein. Der Totempfahl kann mit Steinen, die in die Schachtel gelegt werden, beschwert und stabilisiert werden.

3 Die Weinkorken werden in 3 mm dicke Scheiben geschnitten. Auf die Rückseite der Scheiben kleben Sie ein Stück doppelseitiges Klebeband.

4 Die Korkreihen werden immer wieder durch das Umwickeln mit Papierdraht unterbrochen. An die Anfangs- und Endstücke der Papierkordel werden Federn oder Glöckchen gebunden.

5 Die letzen 5 cm der Papprolle bleiben frei. Oben kann Ihr Kind die Rolle mit der grünen Wattekugel verschließen.

6 Etwa 1 cm breit wird das doppelseitige Klebeband um die Wattekugel herumgeführt. Darauf klebt das Kind seine braunen und gelben Federn. Die Federkiele umwickelt es mit gelber Papierkordel (ca. 40 cm).

7 Die übrig gebliebenen Federn klebt Ihr Kind rund um die Papprolle auf den Kartondeckel.

Hinweis
Ein Totempfahl bezeichnet umgangssprachlich den mit Wappentieren verzierten Ehrenpfahl einer indianischen Familie. Sie waren bis zu 20 m hoch. Ein Marterpfahl hingegen wurde nicht dekoriert.

Blütenrausch

Vasen aus Trinkjoghurtfläschchen

Schwierigkeitsgrad
● ○ ○

Motivhöhe
ca. 10 cm

Material
* 3 leere Trinkjoghurtflaschen, gespült
* Tapetenkleister
* Pinsel

Zusätzlich Vase in Weiß
* Papier in Weiß, A4
* Stempelkissen in Blautönen
* Stempel mit Blumenmotiv, ø 3 cm

Vase in Orange
* Papier in Orange, A4
* 7 verschieden große Papierblumen in Orange- und Gelbtönen, ø ca. 1 cm – 3 cm

Vase in Pink
* Papierreste in Rosa, Pink, Rot, Dunkelrot, Flieder und Violett
* Motivstanzer Blume, ø 2,5 cm

1 Das weiße und orangefarbene Papier reißt Ihr Kind in kleine Stücke. Aus den anderen Papierfarben stanzt es ca. 30 Blumen aus.

2 Alle Papierstücke klebt das Kind mit Pinsel und Tapetenkleister überlappend auf den Joghurtflaschen auf und lässt sie trocknen. Die erste Vase ist dann schon fertig.

3 Auf die orangefarbene Vase klebt das Kind nach dem Trocknen die gelben Papierblumen und schon ist auch die zweite Vase fertig!

4 Für die letzte Vase braucht man das blaue Stempelkissen und den Stempel mit dem Blumenmuster. Mit diesem wird die Vase sorgfältig bestempelt.

UNSER ELTERN-TIPP
Noch schneller lassen sich die Papierstücke aufkleben, wenn sie zuerst auf ein nasses Schwammtuch gelegt werden und sich dadurch mit Wasser vollsaugen.

Unser Tipp für dich
Mischt man Lebensmittelfarbe oder Tinte ins Blumenwasser, verändern manche Blüten ihre Farbe. Bei weißen Tulpen klappt das prima!

Fundsachen

Sterntaler

Sternenhimmel aus Salzteig

Schwierigkeitsgrad
● ○ ○

Motivgröße
ca. 40 cm x 30 cm

Material
* Moosgummiplatte in Mittelblau, 30 cm x 40 cm
* Wasserfarbe in Gelb
* Acrylfarbe mit Goldglimmer
* 2 Tassen Mehl
* 2 Tassen Salz
* Keksausstechformen mit Mond und Sternmotiven
* Wellholz
* Backpapier
* Klebstoff
* Klebefilm

1 Lassen Sie Ihr Kind die Zutaten für den Salzteig mit der Tasse abmessen (2 Tassen Salz, 2 Tassen Mehl, 1 Tasse Wasser). In einer Rührschüssel knetet der kleine Sternekoch seinen Teig mit den Händen so lange durch, bis eine gleichmäßige Kugel entsteht.

2 Auf Backpapier darf Ihr Kind nun den Teig auswellen, bis er 4 mm dick ist. Dabei benötigt es sicher ein bisschen Hilfe! Leichter geht es, wenn das Backpapier mit Klebestreifen an der Arbeitsplatte befestigt wird.

3 Ihr Kind kann nun so viele Sterne aus dem Salzteig ausstechen, bis kein Teig mehr übrig ist. Auch ein Mond sollte dabei sein!

4 Durch das Backpapier lösen sich die Salzteigmotive ganz leicht vom Untergrund. Sie können aber auch nur die Teigreste um die Motive herum entfernen und dann das komplette Backpapier auf das Blech zum Backen ziehen.

5 Der Sternenhimmel kann entweder mehrere Tage an der Luft trocknen oder im Backofen bei 140°C etwa 45 Minuten backen.

6 Mit gelber Wasserfarbe malt Ihr Kind nun Mond und Sterne an. Nach dem Trocknen der Farbe kann es seine schönsten Sterne zusätzlich mit goldener Glitzerfarbe bestreichen.

7 Nun werden die Himmelskörper beliebig auf der blauen Moosgummiplatte angeordnet und festgeklebt.

Plitsch-Platsch

Regenmacher aus Comicheft

Schwierigkeitsgrad
● ○ ○

Motivgröße
ca. 25 cm

Material
* Papprolle
* Prospekthülle, A4
* Tonpapier in Violett, A4
* Doppelseite aus Comicheft
* 60 Nägel, 2,5 cm lang
* 15 Erbsen, getrocknet
* Klebefilm
* Tapetenkleister

1 Rühren Sie etwas Kleister an und lassen Sie ihn quellen, während Sie den Regenmacher gestalten.

2 Helfen Sie Ihrem Sprössling dabei, die Papprolle gleichmäßig mit 60 Nägeln zu spicken. Versenken Sie die Nägel so tief in der Pappe, dass nur noch die Köpfe zu sehen sind.

3 Eine Seite der Rolle mit einem 10 cm x 10 cm großen Stück Prospekthülle verschließen. Dazu das Hüllenstück über die Öffnung legen und mit Klebefilm rundherum festkleben.

4 Ihr Kind kann nun die 15 getrockneten Erbsen in die Rolle füllen.

5 Nun verschließen Sie gemeinsam auch die andere Seite der Papprolle mit Prospekthüllenfolie und Klebefilm.

6 Die Enden der Papprolle kaschieren Sie nun mit violettem Tonpapier. Schneiden Sie dazu zwei Kreise von 15 cm Durchmesser aus und fixieren Sie diese jeweils mit Klebefilm an der Papprolle.

7 Ihr Kind darf nun die Comicseiten in kleine Schnipsel reißen. Hat es ein ganzes Häuflein beisammen, streicht es den Regenmacher satt mit Kleister ein und setzt dann die Papierfetzen auf, bis nichts mehr von der ursprünglichen Papprolle zu sehen ist.

8 Der Regenmacher sollte gut trocknen – dann kann das Wettermachen losgehen!

Ahoi!

Korkfloß und Rindenschiff

Schwierigkeitsgrad
● ○ ○

Motivhöhe
ca. 20 cm

Material
Rindenschiff
* Baumrinde (hier 17 cm lang, 9 cm breit und 5 cm hoch)
* Zweig, ca. 5 mm stark und 20 cm lang
* Faltblatt in Blau-Weiß gestreift, 15 cm x 15 cm
* Universalpapierrest in Orange
* Modelliermasse, lufttrocknend
* Alleskleber

Korkfloß
* 15 Weinkorken
* Zweig, ca. 5 mm stark und 20 cm lang
* Faltblatt in Rot-Blau gestreift, 15 cm x 15 cm
* Modelliermasse, lufttrocknend

> **UNSER ELTERN-TIPP**
> Richtig wasserfest wird das Schiff mit einem Segel aus einer Plastiktüte.

Rindenschiff

1 Bohren Sie mit einer spitzen Schere oben und unten mittig ein Loch in das weiß-blaue Papiersegel und schieben Sie den Zweig durch.

2 Das vom Kind geschnittene orangefarbene Dreieck wird als Wimpel oben angeklebt.

3 Ein haselnussgroßes Stück Modelliermasse wird in der Mitte des Rindenschiffs fest angedrückt. Den Segelmast in die Knetmasse stecken.

Korkfloß

1 Das Faltpapier wird vom Kind einmal zu einem Dreieck aufeinandergefaltet, wieder aufgemacht und mit Klebstoff bestrichen. Der Zweig wird an die Faltung in die Mitte angelegt und das Blatt zum Dreiecksegel aneinandergeklebt.

2 Ihr Kind klebt nun drei Reihen à fünf Korken mit Alleskleber aneinander. Die langen Seiten der Korksäulen mit Klebstoff bestreichen. Zum Trocknen das Floß zwischen zwei Tassen klemmen.

3 Ein haselnussgroßes Stück Modelliermasse wird in der Mitte des Floßes fest angedrückt. Den Segelmast in die Knetmasse stecken.

Textiles

Kleinen Bastlern kann die Lust am textilen Werken vor allem spielerisch und mit herrlichen Farben vermittelt werden. Deshalb haben wir Ideen gesammelt, die Kinderaugen zum Leuchten bringen: Vom goldenen Feenstab und dem pinken Ballerinarock über ein Walfisch-Shirt ist alles dabei. Bedrucken und bekleben Sie mit Ihren Kindern Stoff, nähen, filzen, sticken, häkeln und weben Sie. Die Kleinen lernen, eine Schleife zu binden und kaschieren eine ganze Bimmelbahn mit Filz. Wolle kann aber auch gerupft oder geklebt werden. Basteln ist in diesem Kapitel vor allem ein haptisches Erlebnis: Wolle ist ja so wunderbar weich!

Ob nun das Gemeinschaftserlebnis im Vordergrund stehen soll, wie beim Gestalten eines Quilts in der Kindergartengruppe, oder der Stolz als junger Modedesigner sich ein erstes Täschchen genäht zu haben, liegt in Ihrer Hand. Dass das schon Krippenkinder können, klingt sagenhaft – ist aber so!

Goldwäscher

erstes Weben

Schwierigkeitsgrad
•

Motivgröße
ca. 30 cm x 24 cm

Material
* Hasendraht, 30 cm x 24 cm
* Stoffreste in Blau und Gold

UNSER ELTERN-TIPP
Für jüngere Kinder sind kürzere Stoffstreifen einfacher zu verarbeiten.

1 Das Kind reißt den Stoff in 5 cm breite Streifen.

2 Zuerst wird der Rand des Gitters mit blauem Stoff umwickelt. Ist eine Stoffbahn zu Ende, knotet man die nächste einfach an.

3 Jetzt kann das Weben beginnen: Das Kind macht einen Knoten in den ersten Stoffstreifen und zieht ihn von unten durch das Gitter. Dann wird der Streifen von oben durch das nächste Loch geführt. Diese regelmäßige Bewegung (von unten nach oben und wieder nach unten) macht das Kind, bis die Reihe fertig gewebt ist.

4 Die zweite Reihe wird gegengleich gestaltet. Wer von unten angefangen hat, beginnt nun von oben. Wenn das Kind ab und zu etwas Goldstoff einwebt, entsteht schnell ein schönes Goldwäscherbild, also blaues Wasser mit goldenen Partikeln.

5 Eine Stoffbahn von ca. 50 cm Länge dient als Aufhänger. Verknoten Sie die Enden rechts und links auf der Rückseite des Bildes.

Blumen im Haar

(Haar-)Schmuck mit Filz-Blumen

Schwierigkeitsgrad

Motivgröße

Blume ø ca. 3,5 cm

Material

* Filzblumen, ø 3,5 cm, 1 x Rot, 2 x Rosa und 2 x Orange
* Schmucksteine, rund, ø ca. 8 mm, 1 x Transparent, 2 x Violett und 2 x Rot
* Kinderhaarreif in Rosa
* Kraftkleber

1 Die kleine Blumenfee legt sich die fünf Filzblumen in der Reihenfolge vor sich hin, in der sie auf dem Haarreif sitzen sollen. Dann sucht sie sich für jede Blume einen passenden Schmuckstein aus.

2 Ihr Kind gibt nun auf jede Filzblume in die Mitte einen Klecks Kraftkleber.

3 Setzen Sie auf jede Filzblume den Zieredelstein, den sich das Kind dafür ausgesucht hat. Drücken Sie ihn kurz an und lassen das Ganze dann gut trocknen.

4 Nun fixieren Sie die Filzblumen mit Kraftkleber auf dem Haarreif. Beginnen Sie am besten mit der mittleren und arbeiten sich dann nach außen, damit alles gleichmäßig wird. Wieder gut trocknen lassen und schon kann der Haarschmuck zum Einsatz kommen.

UNSER ELTERN-TIPP

Kleine Prinzessinnen lieben die glitzernden Filzblumen auch auf Haargummis, Armbändern oder auf Haarklammern. Einfach mit etwas Kraftkleber aufkleben!

| 53

Kordula Kordel

Kordel-Tausendfüßler

Schwierigkeitsgrad
●●●

Motivlänge
ca. 30 cm

Material
* Kordel in Hell- und Dunkelgrün, jeweils ø 4 mm, 1 m lang
* Kordel in Gelb, Orange und Rot, ø 6 mm, 1 m lang
* doppelseitiges Klebeband
* Wattekugel, ø 4 cm
* Wattekugel, ø 3,5 cm
* Papierdraht in Orange oder Pink
* 30 Holzkugeln mit großer Bohrung
* Papprolle ca. 30 cm lang
* Acrylfarbe in Gelb
* 2 Wackelaugen, ø 7 mm
* Pompon, ø 1 cm
* Lochzange
* scharfes Messer

UNSER ELTERN-TIPP
Um Ihr Kind die Kordeln selbst drehen zu lassen, benötigen Sie Wollreste in mindestens zwei verschiedenen Farben. Messen Sie jeweils 2 m ab und knoten Anfang und Ende der Fäden zusammen. Hängen Sie den Anfang der Schnur an einen Türgriff und stecken Sie durch das Ende einen Stift. Das Kind dreht nun den Stift wie einen Propeller. Die Kordel ist fertig, wenn sie sich bei Entspannung zu kräuseln beginnt. Dann Anfang und Ende der Kordel übereinanderlegen und zusammenknoten, durch Ausstreichen mit der Hand die Drehung der Kordel gleichmäßig verteilen, fertig!

1 Das Kind schneidet jede Kordel in zwei bis drei unterschiedlich lange Stücke und bringt am Ende jeder Kordel zunächst einen Knoten an.

2 Dann fädelt es auf jede Kordel zwei Holzperlen und bringt am Anfang der Kordel den zweiten Knoten an, damit keine Perle herunterrutschen kann.

3 Wenn es Schwierigkeiten beim Auffädeln der Holzperlen gibt, hilft ein Stück Klebestreifen, das Sie fest um die Anfänge der Kordel wickeln. Die 6 mm dicken Kordelstränge trennen Sie am besten ein Stück weit auf und fädeln dann auf die beiden entstandenen Stränge je eine Holzperle.

4 Die Papprolle beklebt man mit einigen Streifen doppelseitigem Klebeband und zieht die Schutzfolie ab. Die Kordeln wickelt das Kind ganz eng um die Rolle. Den Anfang und das Ende der Kordel lässt man für die Füße etwas überstehen.

5 Die Watteeier für den Kopf und den Po bemalt das Kind mit gelber Farbe, lässt sie trocknen und drückt dann das kleinere Ei in die Papprolle.

6 Halbieren Sie für den Kopf das größere Watteei mit einem scharfen Messer und stanzen mit der Lochzange für die Fühler zwei Löcher am oberen Rand der Halbkugel aus.

7 Das Gesicht, bestehend aus Wackelaugen und Pompon, klebt das Kind mit doppelseitigem Klebeband auf.

Unser Tipp für dich
Das Gesicht kann man auch aufmalen. Dazu benötigt man Lackmalstifte in Weiß, Schwarz, Grün und Rot.

8 Den Papierdraht für die Fühler fädelt Ihr Kind durch die Löcher am Kopf und macht einen Knoten. Darauf fädelt es zwei Holzperlen und macht wieder einen Knoten. Zum Schluss befestigt das Kind den fertigen Kopf mit Klebeband am Körper.

Zauberhafte Fee

märchenhaftes Fingerhäkeln und Schleifenbinden

Schwierigkeitsgrad
● ● ●

Motivgröße
Zauberstab ca. 20 cm
Rocklänge ca. 30 cm
(die Bundweite ist
durch die Raffung
frei variierbar)

Material Zauberstab
* Wolle in Gold und Pink,
  80 cm lang
* Rundholzstab,
  ø 1 cm, 20 cm lang
* Satinband in Gold,
  3 m lang
* Klebstoff

Röckchen
* Tüllstoff in Pink,
  50 cm x 150 cm
* Satinbänder in Rot,
  Dunkelrot, Gelb, Pink,
  Rosa, Dunkelrosa,
  2 mm breit, 4 m lang
* große Stopfnadel
  ohne Spitze (No. 20)

Zauberstab

1 Ihr Kind häkelt je fünf rosafarbene und fünf goldene, 30 cm lange Luftmaschenschnüre mit den Fingern. Wie das geht, wird in der allgemeinen Anleitung (Seite 7) genau erklärt.

2 Helfen Sie Ihrem Kind dabei, den Holzstab mit dem Satinband fest zu umwickeln. Die letzten 2 cm bleiben frei. Schneiden Sie das Satinband nicht ab, sondern fixieren Sie es mit Klebstoff.

3 Legen Sie nun die Enden der Häkelschnüre um den Abschluss des Holzstabs und knoten Sie sie dort fest.

4 Nun kann Ihr Kind den Stab mit dem Satinband umwickeln, bis die Häkelschnuransätze nicht mehr zu sehen sind. Verknoten Sie das Satinband und fixieren Sie es erneut mit einem Tropfen Klebstoff. Zauberhaft!

> **UNSER ELTERN-TIPP**
> Für kleine Zauberer bietet sich eine Kombination in Grün oder Blau mit Gold an.

> **Unser Tipp für dich**
> Schön sind außerdem goldene Sterne aus Metallfolie, die mit Klebstoff fixiert an den Häkelschnüren hängen können.

Röckchen

1 Schneiden Sie ein 1,6 m langes Stück dunkelrotes Satinband ab. Nähen Sie das Band mit 2 cm langen Stichen auf einer Höhe von ca. 30 cm durch den Tüllstoff. An dieser Linie klappen Sie den Tüllstoff um. So entsteht ein 30 cm langer Unterrock und ein 20 cm langer Oberrock.

2 Dieser Arbeitsschritt wird nun mit den verschiedenfarbigen Satinbändern beliebig wiederholt. Das Satinband wird dabei durch zwei Lagen Tüllstoff genäht. Mit etwas Hilfe können auch kleine Kinder das Band durchfädeln, es muss dabei nicht allzu exakt gearbeitet werden.

> **UNSER ELTERN-TIPP**
> Beim Durchfädeln der Satinbänder ist es nicht wichtig, ob die Linien gerade genäht werden, denn durch die Raffung werden eventuelle Ungleichheiten ausgeglichen.

3 Wenn alle Bänder eingezogen sind, kann das Kind mithilfe der Bänder seinen Stoff zu einem Rock raffen. Die Bundweite kann es dabei selbst bestimmen.

4 Nun schneidet Ihr Kind zehn bis zwölf 25 cm lange Satinbandstücke ab und fädelt sie kreuz und quer durch seinen Rock. Die kleine Ballerina bindet die Enden – vielleicht mit noch etwas Hilfe? – zu einer Schleife.

5 Ihr Kind kann das selbst gemachte Ballerinaröckchen jetzt anziehen. Auf der Rückseite verschließen es Schleifen. Die überstehenden Bänder werden abgeschnitten.

57

Gigi Gierschlund

Raupe mit abwechslungsreichen Tastsegmenten

Schwierigkeitsgrad
● ○ ○

Motivlänge
ca. 50 cm

Material
* Kinderstrumpfhose in Violett
* Tasse Erbsen
* Tasse Reis
* handvoll Watte
* Tasse Sand
* Tasse Sonnenblumenkerne
* Wollfaden in Lila
* Holzperle in Schwarz, ø 1,5 cm
* 2 Holzperlen in Grün, ø 4 mm
* 2 Wackelaugen, ø 1,2 cm
* Draht in Grün, ø 1 mm, 2 x 10 cm lang
* Nähgarn in Grün
* Kinderschere
* Textilkleber

1 Ganz oben am Zwickel schneidet das Kind ein Bein der (alten) Kinderstrumpfhose ab.

2 Nun füllt es eine Tasse trockener Erbsen in das Bein und bindet den Raupenkopf mit einem Wollfaden ab.

3 Das nächste Teilstück kann das Kind mit Reis befüllen. Dann wird das Segment wieder fest mit Wolle abgebunden.

4 Nach und nach bekommt die Raupe so noch Körperteile aus Sand, Sonnenblumenkernen und Watte. Vor allem das Schwanzstückchen muss fest verknotet werden!

5 Die Fühler entstehen, indem man zwei 10 cm lange Drahtstücke um einen Bleistift dreht, sodass sie sich kräuseln. Dann kann man die lustigen Hörnchen am Kopf der Raupe annähen. Auf die Fühler stecken Sie je eine kleine grüne Holzperle.

6 Abschließend nähen Sie die schwarze Holzperle als Nase an und kleben die Wackelaugen auf. Fertig ist die lustige Raupe, die so viel durcheinander gefressen hat, dass sie sich überall anders anfühlt!

58 | Textiles

Schicke Filztäschchen
Modedesign aus Bastelfilz

UNSER ELTERN-TIPP
Die Arbeit ist etwas schwierig für kleine Kinder. Der Erwachsene gibt dem Kind Hilfestellung und führt bei Bedarf dem Kind beim Nähen die Hand.

1 Schneiden Sie den Filz auf eine Größe von 9 cm x 20 cm zu und übertragen Sie das Kreismuster auf die Mitte der oberen Hälfte. Mit der Lochzange stanzen Sie nun das Muster aus (kleinste Locheinstellung). Fädeln Sie das Garn in die Nadel und fixieren Sie es mit einem Knoten.

2 Jetzt ist das Kind dran! Es stickt das Blumenmuster, indem es immer von den äußeren Löchern in das Loch in der Mitte sticht, einmal rundherum. Wenn das Blumenmuster fertig ist, vernäht der Erwachsene den Faden unsichtbar auf der Rückseite.

3 Ihr Kind dreht nun die Filzplatte um, sodass die schöne Seite der Blume nicht mehr zu sehen ist. Der kleine Modedesigner gibt auf die langen Seiten des Rechtecks etwas Alleskleber, faltet den Filz so, dass die langen Seiten halbiert werden, und drückt alles schön fest.

4 Wenn alles getrocknet ist, lochen Sie die zusammengeklebten Ränder immer im Abstand von 1 cm. Vernähen Sie das Garn hinten unten am Täschchen.

5 Ihr Kind sticht nun mit der Nadel immer ins nächste Loch, das oben liegt, und zieht das Garn durch. Oben angekommen vernäht der Erwachsene das Garn und schneidet den Rest ab. Genauso machen Sie es auf der gegenüberliegenden Seite.

6 Ziehen Sie das Satinbändchen jeweils durch das oberste Loch und verknoten Sie es dort. Und schon kann Ihr Kind auf große Shoppingtour gehen!

Schwierigkeitsgrad
● ● ●

Motivgröße
ca. 9 cm x 10 cm

Vorlage
Seite 105

Material
* Bastelfilz in Pink oder Sonnengelb, 2 mm stark, A4
* Garn in Rot und Gelb oder Regenbogenfarben
* Satinband in Rot, 5 mm breit, 70 cm lang oder in Gelb, 1 cm breit, 40 cm lang
* dicke, stumpfe Nadel
* Lochzange
* Alleskleber

Wandschmuck

Quilten mit den Allerkleinsten

Schwierigkeitsgrad
● ● ○

Motivgröße
ca. 65 cm x 65 cm

Material
* Baumwollstoff in Gelb, Orange, Rot und Rosa, 34 cm x 34 cm
* Bänder mit unterschiedlichen Mustern, 1 cm breit, 6 x 80 cm lang
* Bastelfilzrest in Hellgrün, Violett, Pink, Rosa, Gelb, Orange und Dunkelrot
* Stempel mit Schmetterlingsmotiv, ø 3 cm
* Stempelkissen in Rot und Violett
* 30 Knöpfe zum Aufkleben, ø 2 cm
* Kinderschere
* Zackenschere
* Textilkleber

Vorlage
Seite 107

UNSER ELTERN-TIPP
Ältere Kinder können die Knöpfe mit buntem Baumwollgarn aufnähen.

UNSER ELTERN-TIPP
Im Kindergarten, auf der Geburtstagsparty oder in der Spielgruppe kann aus gestalteten Stoffquadraten ein großer Wand- oder Spielteppich genäht werden, denn der Quilt kann beliebig vergrößert werden.

1 Das Kind legt die Bänder kreuz und quer über das rosafarbene Stoffquadrat und schneidet, was überhängt, mit der Schere passend ab.

2 Auf die Rückseite jedes Bandes streicht das Kind nun wellenförmig Textilkleber auf. Es spannt beim Umdrehen das Band zwischen seinen Händen und klebt es auf seinem Platz fest.

3 Ihr Kind schneidet aus Bastelfilzresten in verschiedenen Farben Kreise, Rechtecke, Streifen und Dreiecke aus. Diese Formen legt es auf das orangefarbene Stoffquadrat und klebt sie mit Textilkleber fest. Sie können Ihr Kind die Filzreste mit einer kleinen Kinderschere vorschneiden lassen. Anschließend schneiden Sie die Ränder mit der Zackenschere nach.

4 Das gelbe Stoffquadrat, der Schmetterlingsstempel und die Stempelkissen werden auf einer farbsicheren Unterlage bereitgelegt, beispielsweise einem Wachstischtuch.

5 Ihr Kind stempelt nun so viele rote Schmetterlinge wie es möchte auf sein Stoffstück, dann wechselt es die Farbe und stempelt in Violett. Um das Stempeln zu üben, kann Ihr Kind zuerst Probedrucke auf Papier machen.

6 Das rote Quadrat wird mit Knöpfen gestaltet. Die Knöpfe klebt das Kind ebenfalls mit Textilkleber auf.

7 Nun näht ein Erwachsener die vier Quadrate zu einem Quilt zusammen: Legen Sie immer zwei Stoffquadrate mit dem „Gesicht" aufeinander (siehe Vorlagezeichnung), fixieren Sie alles mit Stecknadeln und nähen Sie die Stoffe mit der Hand oder der Nähmaschine zusammen.

Marsmission

Rakete mit Wollantrieb

1. Ihr Kind gibt Klebstoff rundherum um die Klopapierrolle und legt dann die Rolle in die Mitte der Alufolie.

2. Das Kind rollt die Klopapierrolle mit Alufolie ein und steckt die Enden der Alufolie oben und unten in die Rolle.

3. Übertragen Sie die Raketenspitze von der Vorlage auf das Tonpapier, die vier Tragflächen auf den Goldkarton. Schneiden Sie diese zusammen mit dem Kind aus.

4. Kleben Sie den Tonpapierhalbkreis der Spitze zu einem Kegel zusammen.

5. Das Kind bestreicht das obere Ende seiner Rakete mit Klebstoff und drückt die Spitze an.

6. Mit einer Kinderschere schneidet der kleine Astronaut die silberne Rolle unten viermal 5 cm tief ein.

7. Die Goldkartonteile falten Sie entlang der in der Vorlage gezeigten Linie um. Geben Sie Klebstoff auf die Knickstelle und schieben Sie die Tragflächen in die Schnitte im silbernen Rumpf. Mit Wäscheklammern zum Trocknen fixieren.

8. Ist der Klebstoff getrocknet, dekoriert Ihr Kind die Rakete mit Klebepunkten und Sternen.

9. Die untere Raketenöffnung ist ihr Triebwerk. Das Kind gibt Klebstoff auf die Innenseite der Rolle und drückt die Märchenwolle hinein.

Schwierigkeitsgrad
●

Motivlänge
ca. 15 cm

Material
* Klopapierrolle
* Alufolie, 15 cm x 20 cm
* Goldkartonrest
* Tonpapierrest in Silber
* 6 Klebepunkte in Schwarz, ø 1,2 cm
* 6 Sterne in Gold, selbstklebend, ø 1 cm
* Märchenwolle in Naturweiß
* 4 Wäscheklammern
* Klebstoff
* Kinderschere

Vorlage
Seite 107

Für Lokomotivführer
mit Bastelfilz kaschierte Bimmelbahn

Schwierigkeitsgrad
● ● ●

Motivhöhe
ca. 15 cm

Material
* dünner Bastelfilz in Orange, Hellgrün, Hellblau und Grau sowie 2 x in Dunkelblau, A4
* Textilfilz in Schwarz, A3, 4 mm stark
* 16 Watteeier, 4,2 cm x 6 cm
* 21 Toilettenpapierrollen
* Papierkordel in Schwarz, 3 m lang
* Acrylfarbe in Rot und Schwarz
* doppelseitiges Klebeband

Vorlage
Seite 105

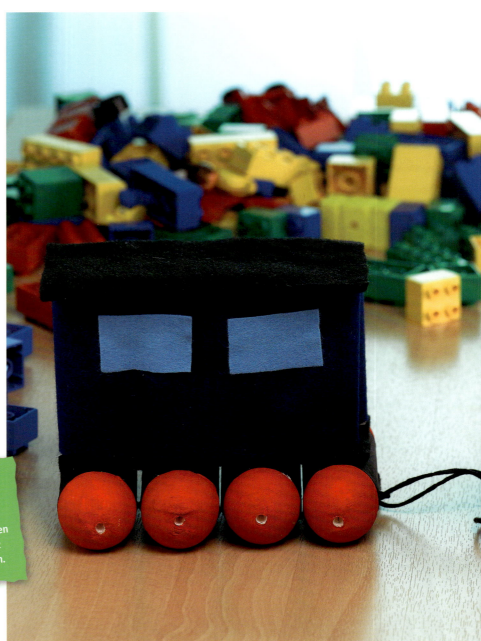

Unser Tipp für dich
Die Eisenbahn wird komplett mit doppelseitigem Klebeband zusammengeklebt. Deshalb gibt es keine langen Trockenzeiten und vor allem keine Fehler. Der Bastelfilz kann ganz leicht wieder abgelöst werden.

62 | Textiles

1 Das Kind malt acht Klopapierrollen mit schwarzer Farbe an und stellt sie aufrecht zum Trocknen auf eine Malunterlage. Die 16 Watteeier malt es nur zur Hälfte mit roter Farbe an, da die andere Hälfte der Eier später nicht mehr zu sehen ist.

> **UNSER ELTERN-TIPP**
> Die Eier lassen sich leichter anmalen, wenn Sie diese auf ein Schaschlikstäbchen oder einen Pinselstiel stecken.

2 Nachdem alles getrocknet ist, fädelt Ihr Kind die Papierkordel, wie auf der Vorlagenzeichnung zu sehen, durch die Papierrollen. Dafür faltet es die Kordel zur Mitte und beginnt von hinten nach vorne durch die Eisenbahnrollen zu fädeln. Anschließend steckt das Kind die Eier als Räder in die Öffnungen.

3 Zeichnen Sie zwei Rechtecke mit den Maßen 18 cm x 10 cm (Waggonboden) und eines mit den Maßen 20 cm x 12 cm (Waggondach) auf den dicken schwarzen Filz.

4 Das Kind kann die Rechtecke nun ausschneiden und den Waggonboden mit einigen Streifen doppelseitigem Klebeband auf den Rädern befestigen.

5 Den Schornstein der Lokomotive fertigt das Kind aus einer Klopapierrolle, die mit hellgrünem Filz bezogen wird. Für den Rauch zerknüllt der kleine Schaffner einen grauen Filzrest und steckt diesen in die Schornsteinöffnung. Dann klebt er den Schornstein auf der schwarzen Bodenplatte fest.

6 Der Maschinenraum der Lok besteht aus vier Klopapierrollen. Diese fixiert das Kind mit Klebeband und verpackt die Rollen anschließend mit orangefarbenem Bastelfilz (wie ein Päckchen). Dann wird er hinter dem Schornstein festgeklebt.

7 Der Waggon besteht aus acht Klopapierrollen, die mit Klebeband zu einem Paket geschnürt werden. Ihr Kind verbindet die beiden dunkelblauen Bastelfilzbögen mit Klebeband. Nun wird der Waggon mit den beiden dunkelblauen Filzstücken kaschiert.

8 Das letzte schwarze Filzstück klebt das Kind als Dach auf den Waggon. Für die Fenster schneiden Sie am besten gemeinsam vier Rechtecke (5 cm x 3,5 cm) aus hellblauem Filz und für den Maschinenraum hellgrüne Streifen (8 cm x 2 cm) aus. Das Kind kann diese mit Klebeband fixieren.

> **UNSER ELTERN-TIPP**
> Diese Eisenbahn kann auch im Rahmen eines Projekts mit vielen Kindern gebastelt werden. Einfach entsprechend Waggons anhängen. Allerdings bietet sich dann eine Aufteilung in eine Malgruppe und eine Klebegruppe an.

| 63

Wer bist denn du?
freche Sockenpuppe

Schwierigkeitsgrad
● ● ●

Motivgröße
ca. 20 cm

Vorlage
Seite 106

Material
* Socke in Rot, Größe 35
* Bastelfilz in Schwarz und Rot, 5 mm stark, A4
* Moosgummirest in Weiß
* Federn in Rot
* 2 Styroporkugeln, ø 1,5 cm
* fester Karton, A4
* Wackelaugen, ø 7 mm
* Klebstoff
* Kinderschere

1 Fertigen Sie nach der Vorlage auf Seite 106 Schablonen für das Maul und die Zunge an.

2 Ihr Kind kann nun mithilfe der Schablonen die benötigten Teile aus Bastelfilz ausschneiden.

3 Legen Sie die Socke so auf den Tisch, dass die Sohle flach aufliegt. Schneiden Sie an der Zehenseite ca. 5 cm ab.

4 Verwenden Sie erneut die Maulschablone. Falten Sie die Schablone in der Mitte und schneiden Sie an ihr entlang das Maul aus. Dann fixieren Sie den Sockenrand mit Klebstoff an der Schablone.

5 Ihr Kind kann nun erst das schwarze Maul und dann die rote Zunge auf die Pappe kleben. Lustig sind auch Zähne aus weißem Moosgummi!

6 Gestalten Sie gemeinsam das Gesicht mit einer Nase aus Filz und Augen aus Wattekugeln. Das Kind klebt diese oben auf der Socke mit Klebstoff fest. Dann klebt es die Wackelaugen auf.

7 Soll die Sockenpuppe noch Haare bekommen, dann nähen Sie ihr doch ein paar Federn an den Scheitel.

Am laufenden Band

Lochmotive ausnähen

Schwierigkeitsgrad
● ○ ○

Motivgröße
Quadrat 15 cm x 15 cm
Kreis ø 21 cm

Material
* Fotokarton in Orange und Grün, A4
* Baumwollgarn, gewachst, in Grün, Rot und Blau, ø 1 mm, 2 m lang
* Kinderschere
* Bleistift
* Lochzange
* Klebestreifen

1. Das Kind malt mithilfe eines runden Gegenstandes, beispielsweise einem Frühstücksteller, einen Kreis auf seinen grünen Fotokarton und schneidet ihn mit der Kinderschere aus.

2. Stanzen Sie mit der Lochzange im Abstand von 1,5 cm rundherum Löcher in den Karton.

3. Das rote Baumwollgarn wird von Ihrem Kind mit einem Klebestreifen auf der Rückseite des Kreises befestigt. Die Garnspitze kann es jetzt beliebig durch die Löcher fädeln.

4. Wenn das rote Garn aufgebraucht ist, wird es auf der Rückseite mit dem blauen Garn verknotet. Ist auch dieses aufgefädelt, wird es auf der Rückseite mit dem grünen Garn verbunden und das Bild wird fertiggenäht.

UNSER ELTERN-TIPP
Wenn normales Baumwollgarn zum Fädeln verwendet werden soll, wird zusätzlich eine Stopfnadel benötigt, oder die Fadenspitze muss mit einem Stück Klebestreifen umwickelt werden.

UNSER ELTERN-TIPP
Ältere Kinder können den Schwierigkeitsgrad erhöhen, indem sie, wie auf dem orangefarbenen Quadrat zu sehen, erst alle waagrechten und senkrechten Linien mit rotem Garn und dann die Diagonalen mit grünem Garn ausnähen.

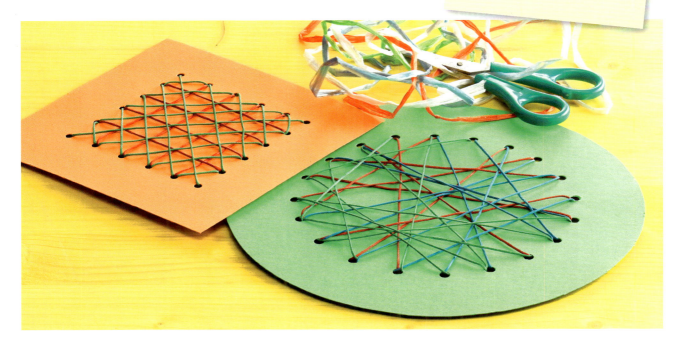

Schlossgespenst

Geist aus Stoff und Styropor

Schwierigkeitsgrad
● ○ ○

Motivhöhe
ca. 22 cm

Material
* Stoffrest in Weiß, 30 cm x 30 cm
* Styroporkugel, ø 5 cm
* Rundholzstab, 20 cm lang
* 2 Wackelaugen oval, 1 cm x 5 mm

1 Zeichnen Sie ein Quadrat mit der Kantenlänge 30 cm auf einen weißen Stoffrest.

2 Das Kind kann das Quadrat ausschneiden oder entlang der Vorzeichnung reißen.

3 In die Mitte des Stoffs drückt das Kind nun den Rundholzstab und fixiert den Stoff mit der Styroporkugel, die es von oben auf Stoff und Stab drückt.

4 Mit Wackelaugen und schwarzem Filzstift wird das Gespenstergesicht gestaltet – gehen Sie Ihrem Kind dabei zur Hand!

UNSER ELTERN-TIPP
Wenn Sie mehrere Gespenster basteln möchten, ist es preiswerter, wenn Sie für den Kopf Zeitungspapier zusammenknüllen. Den Stoff über die Kugel legen und fest mit einem weißen Wollfaden abbinden. Das Gesicht wird aufgemalt. Diese Gespenster kann man auch an einem Faden aufhängen, dann spart man sich den Holzstab.

66 | Textiles

Weiche Wurfbälle
erstes Filzen

Schwierigkeitsgrad
● ● ○

Motivgröße
ca. ø 3 cm – 5 cm

Material
- 2 Styroporkugeln, ø 3 cm, ø 4 cm und ø 5 cm
- Mega-Filzer
- Filzwollreste in beliebigen Farben, ca. 30 g
- Schwammtuch, 18 cm x 20 cm
- wasserfeste Arbeitsunterlage (z. B. Backblech)

1 Mischen Sie den Mega-Filzer nach Herstellerangaben mit Wasser und bereiten Sie eine wasserdichte Arbeitsunterlage vor.

2 Das Kind legt das Schwammtuch vor sich auf die Unterlage und gießt so viel Filzflüssigkeit auf das Schwammtuch, wie dieses aufsaugen kann.

3 Dann nimmt das Kind ein bisschen Filzwolle in beide (trockenen) Hände und zieht sie wie ein Spinnennetz auseinander. Diese Wolle legt es dann auf das Schwammtuch.

4 Ihr Kind legt nun einen Styroporball auf die Filzwolle und rollt diesen mit der flachen Hand über das Schwammtuch. Dabei legt sich die Filzwolle über den Ball und verfilzt durch das Rollen.

UNSER ELTERN-TIPP
Führen Sie die Hand des Kindes bei den ersten Rollbewegungen, dann wird die Bewegung sehr schnell übernommen und alleine ausgeführt.

5 Das kann mit verschiedenen Farben beliebig oft wiederholt werden.

6 Die fertigen Filzbälle über Nacht auf der Heizung trocknen lassen.

Wal und Falter

T-Shirtdruck mit Schwamm und Moosgummi

Schwierigkeitsgrad
● ○ ○

Motivbreite
Wal 18,5 cm
Falter 7 cm

Material
* T-Shirt aus Baumwolle (gewaschen und gebügelt)
* alter Porzellanteller
* Karton, A4

zusätzlich Schmetterlinge
* Textilfarbe in Blau und Rot
* Moosgummirest
* Holzklotz, ca. 8 cm x 5 cm
* dicker Haarpinsel

Wale
* Textilfarbe in Blau und Weiß
* Haushaltsschwamm aus Schaumgummi
* Oberseite eines Plastikschnellhefters
* Klebeband
* dünner Haarpinsel
* Wattestäbchen

Vorlage
Seite 107

Schmetterlinge

1 Schneiden Sie den Karton auf die Größe des T-Shirts zu und legen Sie ihn in das T-Shirt, damit die Farbe nicht auf die Rückseite durchfärbt.

2 Übertragen Sie den Schmetterling auf das Moosgummi und schneiden Sie ihn aus. Kleben Sie den Moosgummi-Schmetterling auf den Holzklotz und fertig ist der Schmetterlingsstempel!

3 Mischen Sie auf dem Porzellanteller aus Blau und Rot ein Violett.

4 Jetzt nimmt das Kind den dicken Pinsel und pinselt damit die Farbe auf den Stempel. Es sucht sich eine hübsche Stelle auf dem T-Shirt und druckt den Schmetterling darauf. Lassen Sie Ihren Sprössling diesen Vorgang solange wiederholen, bis der Schmetterlingsschwarm vollständig ist.

5 Einen tollen Effekt erzielen Sie, wenn Sie bei jedem Schmetterling leicht den Farbton verändern, in dem Sie mehr Blau oder mehr Rot hinzufügen.

6 Lassen Sie die Farbe gut trocknen. Für das Fixieren beachten Sie bitte die Herstellerangaben.

Wale

1 Schneiden Sie den Karton auf die Größe des T-Shirts zu und legen Sie ihn in das T-Shirt, damit die Farbe nicht auf die Rückseite durchfärbt.

2 Übertragen Sie die Kontur des Wales auf die Oberseite des Plastikschnellhefters und schneiden Sie den Wal heraus. Der Hintergrund ergibt eine Schablone, die Sie mit dem Klebeband auf dem T-Shirt fixieren.

3 Mischen Sie auf dem Porzellanteller aus Blau und Weiß ein Hellblau an und schneiden Sie aus dem Schwamm ein ca. 3 cm x 5 cm großes Stück heraus.

4 Jetzt wird's farbig! Ihr Kind nimmt mit dem Schwamm etwas Farbe auf und tupft damit vorsichtig den Wal aus. Wenn der Schwamm keine Farbe mehr abgibt, nimmt es einfach wieder neue vom Porzellanteller auf.

5 Während das Kind den Wal auftupft, drücken Sie den Rand der Schablone auf das T-Shirt. So wird der Rand sauberer.

6 Tupfen Sie dem Wal mit einem Wattestäbchen ein blaues Auge auf und fügen Sie mit einem dünnen Haarpinsel einen Mund hinzu, ebenfalls in Blau. Lassen Sie die Farbe gut trocknen und wiederholen Sie den Vorgang beim zweiten Wal. Für die weitere Behandlung beachten Sie die Herstellerangaben der Textilfarbe.

68 | Textiles

Kuschelweich

Eisbär aus Wolle

Schwierigkeitsgrad
● ● ●

Motivgröße
ca. 22 cm

Material
- Tonkarton in Weiß, A4
- Wolle in Weiß, 5 m lang und Schwarz, 1 m lang
- 2 Wackelaugen, ø 1,5 cm
- Alleskleber

Vorlage
Seite 107

1 Übertragen Sie mithilfe von Transparentpapier den Bären von der Vorlage auf Tonpapier.

2 Mit einer Kinderschere kann der Bärenfreund nun darangehen, den Eisbären sorgfältig auszuschneiden.

3 Beim Ausfüllen des Bären mit schwarzer und weißer Wolle ist es hilfreich, wenn ein Erwachsener den Fadenanfang festhält. Zuerst fährt das Kind dazu die Nase mit Klebstoff nach und klebt schwarze Wolle kreisförmig darauf.

4 Nun malt das Kind die Konturen des Eisbären mit Klebstoff nach und setzt auf diese Klebelinie schwarze Wolle.

5 Danach wird erst das linke und dann das rechte Ohr flächig mit Klebstoff bestrichen und mit weißer Wolle kreisförmig gefüllt.

6 Anschließend folgen Beine, Kopf und Körper des Bären. Drängen Sie Ihr Kind dabei nicht – das Ausfüllen erfordert einiges an motorischem Geschick!

7 Ihr Kind setzt nun die Wackelaugen auf.

8 Dann können Sie es dabei unterstützen, unter der Nase des Bären das Maul mit schwarzer Wolle aufzukleben. Abschließend erhält der kleine Eisbär noch Krallen aus schwarzer Wolle.

70 | Textiles

Wollmaus & Co.
bunte Schnipselbilder aus Wolle

Schwierigkeitsgrad
● ○ ○

Motivgröße
ca. 9 cm

Material
* Tonpapierrest in Gelb, Rot und Grau
* Wollrest in Gelb, Braun, Rot und Grau
* doppelseitige Klebefolie
* Pompon in Rot und Schwarz, ø 1 cm
* dünne Paketschnur, 15 cm lang
* Weinkorken
* 4 Teller
* Kinderschere

Vorlage
Seite 106

1 Übertragen Sie die Vorlagenzeichnung auf das farblich passende Tonpapier. Schneiden Sie es bitte nur grob aus und kleben Sie die Doppelklebefolie auf die Rückseite des Tonpapiers.

2 Das Kind schneidet mit Ihnen zusammen die Form entlang Ihrer Vorzeichnung aus.

3 Ihr Kind kann nun die Wollreste zerschneiden und sie farblich sortiert auf vier Tellern sammeln.

4 Lösen Sie die noch verbliebene Schutzschicht der doppelseitigen Klebefolie ab.

5 Die Wollstückchen werden nun von Ihrem Kind auf die Klebefolie gestreut und dort mit einem Weinkorken angedrückt.

6 Bei der Maus setzt das Kind noch die Pompons als Nase und Auge auf. Ein kleines Stückchen roter Wolle wird zum Mund. Die Schnur wird als Schwanz angebracht.

UNSER ELTERN-TIPP
Lust auf einen Ausflug? Zum Umfeld des textilen Werkens gehört es auch, dass Sie einmal einen Schäferhof besuchen, um den Kleinen den Weg der Wolle – vom Schaf zum Wollfaden – verständlich zu machen.

Farbe

Farbe fasziniert – und es gibt so viele Techniken! In jeder kann gewerkelt und gestaltet werden. Und was passiert, wenn ich Farben mische? Zu malen bedeutet, sich mitzuteilen und zugleich ist der Umgang mit Farbe ein großes Abenteuer. Farbe gibt es in unterschiedlichen Konsistenzen: Mal ist sie glitschig, mal hart. Sie kann gebügelt werden oder begegnet uns in einem Eiswürfel. Farbe kann man pusten oder blubbern lassen. Oder machen wir heute unsere Straßenkreide selbst? Malen ist alleine oder in der Gruppe toll. Nehmen wir einen Pinsel oder gleich die Finger?

Farbe kann man stempeln, abkratzen oder aufrubbeln – das Ergebnis ist jedes Mal ein völlig anderes. Der Umgang mit Farben ist hochemotional. Daher sollte er von Anfang an Spaß machen: Lassen Sie die Kinder zu einer Geschichte malen oder rhythmisch zur Musik – die Ergebnisse können sich sehen lassen!

Fixes Pusten

Wasserfarben pusten

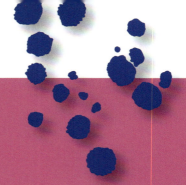

Schwierigkeitsgrad
● ● ●

Material
* Zeichenpapier, A3
* Wasserfarben
* mehrere leere Joghurtbecher
* Strohhalme
* flacher Haarpinsel
* Klebstoff
* Schere

zusätzlich
Kleine Schachtel
* leere Streichholzschachtel

Bonbon
* Krepppapier in Rot
* Satinband in Rot
* Papprolle

UNSER ELTERN-TIPP
Damit den Kindern nicht schwindelig wird, sollten Sie von Zeit zu Zeit auf Pausen achten!

1 Zeigen Sie Ihrem Kind, wie es die Wasserfarben mit Pinsel, Wasser und etwas Geduld schön wässrig anrühren kann. Wenn das Kind sehr klein ist, verdünnen Sie die Farben am besten selbst und teilen sie in leeren Joghurtbechern aus.

2 Mit dem Pinsel schleudert der kleine Künstler bunte Farbspritzer aufs Papier.

3 Mithilfe des Strohhalms werden die Flecken zu Rinnsalen gepustet. Wenn Ihr Kind von einer anderen Stelle aus pustet,␣verästeln sie sich.

Unser Tipp für dich
Wenn man den Strohhalm beim Blasen hin und her bewegt, entstehen lustige Effekte. Das Bild wird umso spannender, je mehr Farbflecken und Blasspuren auf dem Papier verteilt sind.

4 Aus dem getrockneten Papier lassen sich schöne Dinge herstellen, etwa eine Minischatzkiste aus einer leeren Streichholzschachtel oder ein Überraschungsbonbon. Für das Bonbon wird eine leere Papprolle mit dem selbst gemachten Papier überzogen und ein kleines, in farbiges Krepppapier eingewickeltes Geschenk hindurchgezogen. Die herausstehenden Zipfel werden mit hübschen Schleifen aus rotem Satinband verziert.

Seifenblasen-Fisch
kunstvolle Seifenblasentechnik

Schwierigkeitsgrad

Motivgröße

30 cm x 42 cm

Material

* Tonkarton in Weiß, A3
* Gouachefarben in Rot, Grün und Blau
* Spülmittel
* 3 leere Joghurtbecher
* 3 Strohhalme
* Filzstift in Schwarz

UNSER ELTERN-TIPP
Diese Technik eignet sich gut, um erste Mischerfahrungen zu sammeln: Lassen Sie das Kind zu Beginn nur den Schaum zweier Grundfarben verwenden, z. B. Blau und Gelb.

1 Bevor der Seifenblasenspaß beginnt, mischen Sie in einem leeren Plastikbecher etwas Spülmittel mit zwei Teelöffeln Farbe und wenig Wasser. Das Gemisch sollte so dünn wie Saft sein. Geben Sie dem Kind für jede Farbe einen Becher und einen Strohhalm. Legen Sie das Papier bereit.

2 Nun bläst das Kind vorsichtig mit dem Strohhalm in seinen Becher hinein, bis sich Schaum bildet. Man bläst so lange weiter, bis der Schaum auf das Papier überfließt. Dort darf der Schaum langsam zerplatzen. Man kann den Schaum mit dem Strohhalm nun vorsichtig verschieben. Schafft es der kleine Künstler, so einen Fisch zu malen?

UNSER ELTERN-TIPP
Damit der Schaum auf das Papier überfließt, sollte Ihr Kind das Gefäß leicht schräg über das Papier halten.

Unser Tipp für dich
Je nachdem, wie stark man pustet, verändert sich die Größe der Farbblasen.

3 Dann kann das Kind ein paar Stunden spielen gehen, während das Bild trocknet. Es bilden sich in dieser Zeit viele schöne Strukturen auf dem Papier.

4 Auf das getrocknete Seifenblasenpapier kann das Kind jetzt mit schwarzem Filzstift seinem Fisch ein Auge oder in die Farbfläche Fische oder Schiffe zeichnen.

Raupe Kunterbunt
marmorierte Holzmurmelraupe

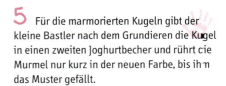

Schwierigkeitsgrad

Motivlänge
ca. 52 cm

Material
- 12 durchgebohrte Rohholzkugeln, ø 2 cm
- 8 durchgebohrte Rohholzkugeln, ø 2,5 cm
- Papierdraht in Pink oder Orange, 1 m lang
- Acrylfarbe in Blau, Rot, Lindgrün, Flieder, Gelb und Orange
- 6 leere Joghurtbecher
- 6 Bierdeckel
- Chenilledraht in Grün oder Dunkelrot, ca. 30 cm lang
- 2 Holzperlen oder Linsen in Grün oder Orange, ø ca. 1 cm
- Lackmalstifte in Schwarz und Weiß

1 Ihr Kind stellt auf einer großen Malunterlage seine Farben, die Joghurtbecher und die Bierdeckel bereit.

2 Zuerst werden einfarbige Holzkugeln und anschließend marmorierte Holzkugeln hergestellt. Dafür tröpfelt das Kind jede Farbe in einen eigenen Joghurtbecher.

3 Es gibt in jeden Joghurtbecher eine Holzkugel, legt den Bierdeckel darauf und schüttelt seinen Becher so lange, bis die Kugel von der Farbe ganz bedeckt ist. Zuletzt stürzt man den Becher mit der fertigen Kugel auf eine Malunterlage und lässt sie dort trocknen.

4 Malen Sie zusammen mit Ihrem Kind auf eine einfarbige große Kugel die Augen und den Mund mit Lackmalstiften auf.

5 Für die marmorierten Kugeln gibt der kleine Bastler nach dem Grundieren die Kugel in einen zweiten Joghurtbecher und rührt die Murmel nur kurz in der neuen Farbe, bis ihm das Muster gefällt.

6 Für die Nase macht man in ein Ende des Papierdrahtes zwei Knoten übereinander und fädelt die Kugel daran auf.

7 Nun kann Ihr Kind die farbigen Holzkugeln in beliebiger Reihenfolge auffädeln, macht zusätzlich nach jeder Holzkugel einen Knoten in den Papierdraht, bis alle Kugeln aufgebraucht sind.

8 Für die Fühler legt das Kind einen Chenilledraht oder Pfeifenputzer um den Kopf und zwirbelt ihn fest. Auf jedes Fühlerende fädelt man noch eine kleine Holzperle auf.

UNSER ELTERN-TIPP
Ältere Kinder können nach der Grundierung der Holzperlen Muster wie Punkte, Streifen oder Spiralen aufmalen.

| 77

Zauberschnüre

Gestalten mit Schnurtechnik

Schwierigkeitsgrad
● ○ ○

Motivgröße
21 cm x 30 cm

Material
* Zeichenpapier, A3
* Gouachefarbe in Blau und Fuchsia
* Wollfaden, ca. 2 m lang
* Küchenkrepp
* mehrere Deckel oder Blumenuntersetzer aus Plastik (Farbe anrühren)
* dicker Katalog, mindestens A4
* Bastelschere

1 Verteilen Sie verschiedene Farben in die Deckel und schneiden Sie ca. 50 cm lange Wollfäden ab.

2 Schlagen Sie einen alten Katalog in der Mitte auf und legen ein in der Mitte gefaltetes A3-Blatt hinein.

3 Ihr Kind taucht einen Faden in ein Farbtöpfchen, streift überschüssige Farbe am Küchenkrepppapier leicht ab und legt ihn dann zu einem Fantasiekringel auf das Papier im Katalog.

4 Achten Sie darauf, dass ein Ende des Fadens aus dem Katalog herausschaut. Dann klappt das Kind den Katalog vorsichtig zu.

5 Jetzt kann das Kind mit dem Fadenende spielen und die Schnur vorsichtig hin- und herziehen. Am Schluss wird der Faden ganz herausgezogen und der Katalog wieder aufgeklappt: Ergebnis sind zwei spiegelbildliche Abdrücke in bizarren Formen.

UNSER ELTERN-TIPP
Regen Sie die Kinder dazu an, auf einem einzigen Blatt mehrere Schnurabdrücke zu hinterlassen. Dafür sollte das Blatt vor jedem neuen Druckvorgang gut durchtrocknen.

Tiefseekunst

tiefgründige Kleisterreliefs

Schwierigkeitsgrad

Motivgröße
21 cm x 30 cm

Material
* Tonkarton, A4
* Tapetenkleister
* mehrere Marmeladengläser oder ein Eimer
* Löffel
* Gouachefarbe in Blautönen
* Schwammrolle oder Pinsel
* Kamm, leere Klebefilmrolle oder Korken
* alte Zeitungen
* Kreppklebeband

1 Füllen Sie ein Marmeladenglas (bei vielen Kindern einen Eimer) mit Wasser und rühren darin nach Packungsangabe den Kleister cremig. Lassen Sie den Kleister eine halbe Stunde ruhen, bis er zu einer zähen Masse gequollen ist.

2 Legen Sie das Papier bereit. Bei wilden Malern kann es sinnvoll sein, den Platz mit Zeitungen auszulegen und das Zeichenpapier mit Kreppklebeband auf dem Tisch zu fixieren.

3 Ihr Kind rührt die blaue Farbe direkt in den Kleister. Dann rollt es die Kleisterfarbe mit der Schwammrolle auf dem kompletten Papier auf. Wenn man keine Schwammrolle hat, kann man auch erst den farblosen Kleister auf dem Papier verteilen und danach mit einem dicken Pinsel verschiedene Blautöne darauf verteilen.

4 Nun wird's spannend: Sobald die Farben gleichmäßig verteilt sind, kann Ihr Kind mit einem Kamm, einer leeren Klebefilmrolle oder einem Korken Zickzack- und Wellenmuster einritzen oder Bewegungen zu einer schönen Musik machen. Schon bald hat man ein super Meeresbild!

Unser Tipp für dich
Wenn das Papier ganz durchgetrocknet ist, kann der Vorgang auf demselben Blatt noch einmal mit einer anderen Farbe wiederholt werden.

| 79

Klatsch' ab!

klecksen, falten, fantasieren

Schwierigkeitsgrad
● ○ ○

Motivgröße
21 cm x 30 cm

Material
* Gouachefarbe in Rot, Gelb und Blau
* Tonkarton in Schwarz, A4
* Papier in Hellgrün und Weiß, z. B. Notizblock
* Wasserbecher
* mehrere Pappteller
* Pinsel
* Klebstoff
* Kinderschere

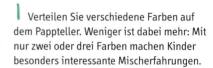

UNSER ELTERN-TIPP
Ein Zettelblock hat den Vorteil, dass die Kinder rasch sehr viele unterschiedliche Varianten ausprobieren können. Außerdem bleibt die Farbe bei so einem kleinem Format lange feucht. Ganz schnell entstehen so fantastische Bilder oder einzigartige Klappkarten.

1 Verteilen Sie verschiedene Farben auf dem Pappteller. Weniger ist dabei mehr: Mit nur zwei oder drei Farben machen Kinder besonders interessante Mischerfahrungen.

2 Helfen Sie Ihrem Kind beim Knicken der Papiere: Knicken Sie zusammen weißes oder farbiges Papier, klein oder großformatig. Gefaltet werden kann längs oder diagonal, aber auch mehrfach an verschiedenen Stellen.

3 Jetzt kann Ihr Sprössling verschieden große Flecken in unterschiedlichen Farben auf die eine Hälfte des Papiers malen.

4 Dann klappt das Kind das Papier zu und „bügelt" mit seinen Händen die Farbe auf die andere Seite.

5 Vorsichtig zieht Ihr Kind das Papier wieder auseinander und lässt es trocknen. Das Ergebnis ist immer überraschend: Mal erinnert es an einen Schmetterling, mal an eine seltene Blume, ein Clownsgesicht oder einen Käfer.

6 Unterstützen Sie den kleinen Künstler dabei, sein gedrucktes Motiv mit einer Kinderschere auszuschneiden und auf einen schwarzen Tonkarton zu kleben. Beim Schneiden kann man der Umrisslinie folgen oder eine neue Form erfinden. Aus mehreren abgeklatschten Einzelteilen lassen sich kuriose Fabelwesen zusammenstellen.

7 Wenn der Bastler möchte, kann er sein Bild mit schwarzem Filzstift gestalten. Die fehlenden Teile können aber auch aus farbigem Buntpapier ausgeschnitten und dazugeklebt werden.

Sommersprossenlicht
vielschichtige Wachstechnik

Schwierigkeitsgrad
● ● ○

Motivgröße
ca. 15 cm

Material
- leere Marmeladengläser
- Tapetenkleister
- Löffel
- Druckerpapier in Weiß, A4
- lange Kerze in Weiß
- Gouachefarbe in Blau, Rot und Gelb
- Pinsel
- Zeitungspapier
- Bügeleisen
- Schere
- Küchenkrepp
- Satinband in Rosé, 3 mm breit, ca. 1 m lang

1 Rühren Sie den Tapetenkleister nach Herstellerangabe zu einer zähen Masse an.

2 Zünden Sie die Kerze an und bleiben Sie beim Gestalten zur Sicherheit dabei.

3 Das Kind legt das Papier waagerecht vor sich hin. Es hält die Kerze am hinteren Ende gut fest und betropft mit ihr das Papier kreuz und quer.

4 Nun kann Ihr Kind das Bild mit Gouachefarben bemalen. Am besten fängt man mit Gelb an, weil man dieses gut übermalen kann. Die Farbschicht muss gut trocknen.

5 Nun beträufelt das Kind erneut das nun farbige Papier mit Wachstropfen, möglichst an anderen Stellen als vorher. Wieder alles gut trocknen lassen.

6 Dann pinselt das Kind eine weitere neue Farbe oder ein Muster auf das Papier. Den Vorgang kann man noch ein drittes und viertes Mal wiederholen. Am Schluss muss das Papier gut durchtrocknen.

7 Legen Sie auf eine alte Zeitung etwas Küchenkrepp und dann das Tropfenbild mit dem „Gesicht" nach unten darauf. Breiten Sie eine weitere Schicht Küchenkrepp darüber, bevor Sie auf niedriger Stufe die Wachstropfen herausbügeln.

8 Nun bekommt das Glas sein neues Kleid: Schneiden Sie dazu das Papier auf die passende Glashöhe zurecht.

9 Halten Sie das leere Marmeladenglas gut fest, während das Kind es ringsherum mit einem breiten Pinsel einkleistert.

10 Stück für Stück wickeln Sie das Musterpapier um das Glas. Anschließend können Sie das gesamte Glas außen einkleistern – so leuchten die Farben schön und werden zugleich haltbarer. Trocknen lassen, Satinband darum und fertig!

Straßenkünstler

Kreiden selber machen

Schwierigkeitsgrad

Motivgröße
ca. 15 cm

Material
* Gipspulver (Modellgips), 200 g pro Klopapierrolle
* Wasserfarben oder Lebensmittelfarben in Grün, Gelb, Blau, Rot und Lila
* Klopapierrollen
* Wasser
* großer Plastikbecher
* Sahnebecher (200 g)
* mittlerer Haarpinsel
* Wasserglas
* Kreppklebeband
* Esslöffel
* Teelöffel
* Küchenmesser
* Zeitungspapier zum Unterlegen

Bei diesem Projekt steht vor allem im Vordergrund, dass das Kind selbst etwas herstellen kann. Was es mit seinen neuen Kreiden auf den Gehweg malt, bleibt allein seiner jungen Fantasie überlassen.

1 Kleben Sie eine Öffnung der Klorolle mit einem Kreppband zu, sodass sie gut verschlossen ist. Legen Sie ein Wasserfarbnäpfchen in ein Wasserglas und füllen Sie es mit ¼ l Wasser.

2 Nun kann der kleine Künstler mit dem Pinsel so lange über das Näpfchen pinseln, bis das Wasser kräftig gefärbt ist.

3 Das Kind füllt den Gips in den Sahnebecher, bis dieser voll ist. Dann gibt es das Ganze in den großen Plastikbecher.

4 Füllen Sie nun das gefärbte Wasser in den großen Plastikbecher und rühren Sie den Gipsbrei mit einem Esslöffel gut durch.

5 Diese Mischung gibt das Kind nun vorsichtig mithilfe des Erwachsenen in die Klorolle. Mit dem Teelöffel bekommt man den Brei besser aus dem Plastikbecher. Ab und zu sollte der kleine Kreideproduzent gegen die Klopapierrolle klopfen, damit sich keine Luftblasen bilden. Nun muss die Kreide über Nacht durchtrocknen.

6 Schlitzen Sie die Klorolle mit einem Messer auf und trennen Sie die Kreide heraus.

7 Nun kann das Kind seiner Kreativität freien Lauf lassen: Auf dem Gehweg kann es mit seiner neuen Straßenmalkreide malen, was ihm gerade einfällt!

UNSER ELTERN-TIPP
Erläuternde Arbeitsschrittfotos hierzu finden Sie in der allgemeinen Anleitung auf Seite 8.

82 | Farbe

Eiskunst

Eiswürfeltechnik für Sommertage

Schwierigkeitsgrad

Material
- Eiswürfelbehälter
- Lebensmittelfarben
- Wasser
- Backblech
- Papier (Strohseide, Aquarell- oder Druckerpapier), A4

zusätzlich Windlicht
- Speiseöl
- Alleskleber
- Küchenpapier
- Föhn
- leeres Marmeladenglas
- Teelicht

Papier gestalten

1 Mischen Sie in einem Wasserglas ca. 6 TL Wasser und ½ – 1 TL einer beliebigen Lebensmittelfarbe und geben Sie diese Mischung in den Eiswürfelbehälter. Diese Menge ergibt etwa zwei Würfel. Wiederholen Sie diesen Vorgang mit weiteren Farben. Geben Sie den gefüllten Eiswürfelbehälter für einige Stunden in den Gefrierschrank.

2 Legen Sie das Papier auf ein Backblech. Das Backblech verhindert, dass die Farbe den Tisch verunreinigt. Lösen Sie nun die Eiswürfel aus dem Behälter, indem Sie die Rückseite mit warmem Wasser begießen. Wenn die Würfel angetaut und aus dem Behälter gefallen sind, legen Sie sie auf das Papier.

3 Nun kann das Kind seiner Kreativität freien Lauf lassen! Durch das Schieben der Würfel malt man bunte Streifen auf das Papier. Ihr Kind kann die Würfel aber auch an eine Stelle setzen und kurz schmelzen lassen und dann wieder woanders hinsetzen. Oder Ihr Kind pustet das Eis mit dem Föhn über das Papier. Das Bild gut trocknen lassen.

> **Unser Tipp für dich**
> Nicht benötigte Eiswürfel gleich wieder in den Gefrierschrank stellen, dann kann man sie später wieder verwenden.

Windlicht

1 Das getrocknete Meisterwerk kann man schnell in ein Windlicht verwandeln. Dazu reibt das Kind die Rückseite des Papiers mithilfe eines Küchenpapiers mit Speiseöl ein und lässt es gut trocknen.

2 Suchen Sie ein geeignetes Gefäß für das Windlicht, zum Beispiel ein leeres Marmeladenglas. Schneiden Sie das Papier so zu, dass es einmal um das Glas gewickelt werden kann.

3 Nun kann Ihr Sprössling das Papier mit Alleskleber um das Glas kleben und ein Teelicht hineinstellen. Fertig ist sein Windlicht!

Sonnige Aussichten

Handabdrücke in Öl-Transparenttechnik

Schwierigkeitsgrad

Motivhöhe
ca. 25 cm

Material
- Tonpapier in Weiß, A3
- Wasserfarbe in Gelb
- 3 EL Speiseöl
- Papiertaschentuch
- Kinderschere
- Bleistift

UNSER ELTERN-TIPP

Das Öl-Transparentbild lässt sich ausbauen: Mit dem Handballen kann man Wolken, mit dem Daumen Regentropfen oder mit der Handkante einen Regenbogen drucken. So ein Fensterbild kann über mehrere Wochen wachsen oder als Gemeinschaftsarbeit von vielen Kindern gleichzeitig umgesetzt werden.

1 Mithilfe eines runden Gegenstandes (z. B. einem Teller) malt Ihr Kind einen Kreis auf sein Papier, schneidet ihn aber noch nicht aus.

2 Bemalen Sie die Handfläche des Kindes mit gelber Wasserfarbe.

3 Mit leicht gespreizten Fingern drückt das Kind seine Hand nun auf das Papier, sodass seine Fingerspitzen den Kreisbogen fast berühren. Ihr Kind wiederholt diesen Druck kreisförmig, bis die Sonne mit ihren Fingerstrahlen fertig ist.

4 Ihr Kind schneidet nach dem Trocknen die Sonne an der Kreislinie aus.

5 Geben Sie ein paar Tropfen Öl auf ein Papiertaschentuch.

6 Das Kind tupft mit dem Öltuch so lange über das Papier, bis dieses durchsichtig geworden ist.

7 Die Sonne muss nun so lange trocknen, bis man vom Anfassen keine öligen Finger mehr bekommt (am besten über Nacht). Dann kann das Kind die Sonne am Fenster scheinen lassen.

Tetrapak-City

Gipsblöcke gießen und gestalten

Schwierigkeitsgrad
● ● ●

Motivgröße
ca. 15 cm

Material
* leere Tetrapaks (z. B. von Saft, Milch oder Tomatensoße)
* Gips, ca. 3 kg
* Wasserfarben in Blau, Rot und Gelb
* Haushaltsschere
* Wasser
* Esslöffel (zum Anrühren)
* dicke und dünne Pinsel

1 Sammeln Sie Tetrapaks in unterschiedlichen Größen. Schneiden Sie diese mit der Haushaltsschere oben ringsherum auf. Waschen Sie die leeren Formen gründlich mit Wasser aus.

2 Das Kind füllt die Tetrapaks etwa halb voll mit Wasser. Dann lässt es das Gipspulver nach und nach hineinrieseln, und zwar doppelt so viel Pulver wie Wasser. Das Gemisch gut mit einem Löffel verrühren.

3 Rühren Sie das Gemisch nochmals gut durch, sodass eine homogene Masse entsteht. Dann sollte der Gips über Nacht trocknen.

4 Sobald sich das Gefäß hart anfühlt, drücken Sie den Papprand leicht gegen die Gipsform, um zu prüfen, ob sie sich schon löst. Da die Form beim Stürzen beschädigt werden kann, schneiden Sie die Pappe lieber ein und ziehen Sie sie dann vorsichtig von der Form ab.

5 Nun kann das Kind seine Häuschen nach Herzenslust anmalen und anschließend mit Fenstern und Türen schmücken.

> **UNSER ELTERN-TIPP**
> Verwenden Sie unterschiedliche Tetrapakformen oder gießen Sie die Kartons unterschiedlich hoch aus, so werden die Gebäude abwechslungsreicher.

> **UNSER ELTERN-TIPP**
> Je mehr Kinder bei einer solchen Bastelaktion mitmachen, desto besser. So wächst eine komplette kleine Kinderstadt, mit der alle gerne spielen. Kleine Püppchen oder Spielzeugautos erwecken sie schnell zum Leben.

Farbe

Vulkanausbruch!

Grattage mit Lava-Effekt

Schwierigkeitsgrad

Motivgröße

30 cm x 21 cm

Material

* Tonkarton in Weiß, A4
* Wachsmalkreiden in Schwarz, Gelb, Orange, Rot und Blau
* Kreppklebeband
* Stopfnadel oder Löffelstiel zum Kratzen

1 Fixieren Sie den Tonkarton ringsherum mit einem Streifen Kreppklebeband auf der Tischplatte. Der Klebestreifen schützt den Tisch, falls die Kinder über das Papier hinausmalen. Außerdem sieht das fertige Blatt mit einem weißen Schmuckrand sehr schön aus.

2 Mit Wachsmalkreiden malt das Kind ein buntes Muster auf das Papier, sodass kein Weiß mehr sichtbar ist. Je stärker das Kind aufdrückt, desto leuchtender werden die Farben.

3 Jetzt übermalt das Kind sein Muster mit einer rein schwarzen Wachsmalschicht. Der bunte Grund sollte am Ende überall mit schwarzer Farbe bedeckt sein.

4 Nun beginnt der Zauber: Mit einem Löffelstiel oder einer Stopfnadel ritzt das Kind einen gewaltigen Berg und emporschießende Lava in die dunkle Oberfläche. Wegen des bunten Untergrunds beginnen die Linien zu leuchten.

5 Vorsichtig können Sie nun die Klebestreifen vom Papier ziehen – fertig ist das Zauberbild.

> **UNSER ELTERN-TIPP**
>
> Je älter das Kind ist, umso gegenständlicher kann es gestalten – bei den Allerkleinsten kommt daher bei der Grattage-Technik meist nur ein abstraktes „Zauberbild" heraus.

> **UNSER ELTERN-TIPP**
>
> Das berühmteste Grattage-Motiv ist das Cover der „kleinen Hexe" von Otfried Preußler. Sehen Sie es sich doch mit Ihrem kleinen Künstler einmal an.

88 | Farbe

Heiße Sache!

Karte mit Wachsbügelbild

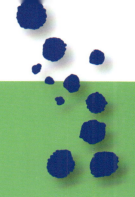

Schwierigkeitsgrad
● ○ ○

Motivgröße
Karte 11 cm x 18 cm

Material
* Wachsmalstifte in Rot, Gelb, Grün, Schwarz, Blau und Violett
* Spitzer (ohne Auffangbehälter)
* Tonkarton in Weiß, A4
* Klappkarte mit Ausschnitt in Hellgrün, A6
* Bügeleisen
* Zeitungspapier als Unterlage
* Backpapier

1 Das Kind deckt seinen Arbeitsplatz mit einigen Lagen Zeitungspapier ab und legt ein weißes Blatt Papier, den Spitzer und die Wachsmalstifte bereit.

2 Dann sucht sich Ihr Kind einen Wachsmalstift aus und spitzt ihn über seinem Papier so an, dass die Farbsplitter auf die weiße Fläche fallen.

3 Dieser Arbeitsschritt wird auch mit anderen Farben wiederholt, bis dem Kind das Muster auf seinem Papier gefällt.

4 Legen Sie ein Stück Backpapier über das Bild und gleiten Sie mit dem heißen Bügeleisen (ohne Dampf!) solange darüber, bis die Farbsplitter zusammenschmelzen.

5 Lassen Sie das Bild etwas abkühlen und ziehen Sie das Backpapier dann vorsichtig ab.

6 Den schönsten Bereich auswählen, für die Klappkarte zuschneiden und einkleben.

Flotte Fingerfarben
Kleisterfarben für flinke Finger

Schwierigkeitsgrad

Material
* Plastikschüssel
* Tapetenkleister (Pulver)
* Lebensmittelfarben in Gelb, Grün, Rot und Blau
* Ess- und Teelöffel
* 4 Schraubgläser
* Papier, A3
* 2 Bögen Zeitungspapier
* evtl. Borstenpinsel

1 Mischen Sie in einer Plastikschüssel 2 EL Lebensmittelfarbe mit ¼ l Wasser. Fügen Sie 1 EL Tapetenkleisterpulver hinzu und verrühren Sie das Ganze mit einem Teelöffel zu einem dicken Brei.

2 Füllen Sie die Kleisterfarbe in Schraubgläser ab.

3 Jetzt kann's losgehen! Das Kind legt etwas Zeitungspapier auf dem Tisch aus, damit der Tisch sauber bleibt, und einen großen Papierbogen darauf. Mit Fingerspitzen oder Handflächen kann man jetzt losmalen. Oder man nimmt einen Pinsel und malt mit der neuen Kleisterfarbe, was immer einem gerade einfällt. Am Schluss alles gut trocknen lassen und Hände waschen.

UNSER ELTERN-TIPP
Trotz der Lebensmittelfarbe sollten die Kinder die Farbe nicht in den Mund nehmen. Besonders viel Spaß macht das Malen auf dem A3-Papier in einer Gruppe!

UNSER ELTERN-TIPP
Die Farben halten sich einige Tage im verschlossenen Schraubglas.

Märchenschloss

Schwammdruck für Schlossherren

Schwierigkeitsgrad
● ● ○

Motivgröße
30 cm x 42 cm

Material
* Tonkarton in Weiß, A3
* Schwämme mit unterschiedlicher Porengröße
* Kinderschere
* Gouachefarbe in Gelb, Blau, Rot, Grün und Weiß
* mehrere Pappteller
* Pinsel

UNSER ELTERN-TIPP
Im Baumarkt finden Sie Schwämme mit ungewöhnlich großen Poren. Zerschneiden Sie die Schwämme in kleine Stücke und lassen Sie Ihr Kind damit einen flauschigen Zaubervogel oder eine Märchenblume drucken.

1 Verteilen Sie die Gouachefarben großzügig auf Papptellern. Halten Sie für jede Farbe einen Schwamm bereit. Je mehr verschiedene Schwämme Ihr Kind verwendet, umso nuancierter und lebendiger ist anschließend das Bild.

2 Lassen Sie einige Schwämme unzerschnitten. Die anderen schneiden Sie in verschieden große Stücke. Wichtig ist, dass man immer mit der unbeschichteten Seite des Schwamms Farbe aufnimmt.

3 Malen Sie mit einem sehr kleinen Kind, dann malen Sie am besten das Märchenschloss vor und lassen Sie das Kind mit einer Kontrastfarbe auf das getrocknete Motiv drucken.

Unser Tipp für dich
Fenster und Türen mit dem Pinsel auf den Schwamm malen und aufstempeln.

4 Größere Kinder können ihr komplettes Bild selbst gestalten. Erst wird der Himmel in Blau, die Wiese in Grün und das Schloss in Gelb mit Schwämmen gedruckt und gewischt. Diese erste Schicht kann relativ feucht gearbeitet werden.

5 Ist die erste Schicht getrocknet, kann das Kind zu schmückenden Details wie Fenstern, Schornsteinen, Blumen und dem Schlossportal übergehen. Bei dieser Farbschicht sollte die Farbe eher weniger nass aufgetupft werden.

| 91

Naturkunst

Eigentlich eignet sich alles dazu, kindliche Kreativität und Gestaltungslust auszuleben: Steine, Gras, Rinde, Äpfel, Nüsse und Zapfen. Der Blick für Farbnuancen, und Formvarianten wird dabei ganz nebenbei geschult und dem Entdeckertrieb Raum gegeben. Zu jeder Jahreszeit hat die Natur ihre eigenen, besonderen Schätze zu bieten – so verzaubert etwa der Frost Blüten und Blätter.

Gerade die großen Dimensionen sind spannend, die das Spielen im Freien anbietet. Wenn viele Kinder zusammen werkeln, kann schnell ein ganzes Naturkunstprojekt entstehen, wie etwa eine Spielstraße aus Ästen. Naturkunst unterstützt das Umweltbewusstsein und ist sehr vergnüglich!

Schneckenpost
Steinschnecke

Schwierigkeitsgrad
● ○ ○

Motivgröße
ø ca. 40 cm

Material
* 20 Steine in Weiß
* 20 Steine in Dunkelrot
* 20 Steine in Hellbraun
* großes Schneckenhaus oder Muschel

1 Das Kind sammelt immer 20 Steine in den Farben Weiß, Dunkelrot und Hellbraun. Es sortiert die Steine der Größe nach, indem es sie in einer Reihe hintereinanderlegt. So kann man die Größenunterschiede am besten sehen.

2 Nun sucht Ihr Kind sich einen runden Platz in der Natur – beispielsweise einen Baumstumpf – oder zeichnet sich einen auf. In die Mitte dieses Kreises legt das Kind das Schneckenhaus.

3 Mit den kleinsten weißen Steinen beginnt der kleine Naturentdecker eine Spirale um das Schneckenhaus zu legen.

4 Wenn die weißen Steine aufgebraucht sind, führt Ihr Kind die Spirale mit den kleinsten Steinen der dunkelroten und zuletzt mit den hellbraunen Steinen zu Ende.

Unser Tipp für dich

Diese tolle Schnecke lässt sich bei Wind und Wetter gestalten, denn Steine gibt es ja zu jeder Jahreszeit. Überraschung: Steine sehen nass anders aus als wenn sie trocken sind!

UNSER ELTERN-TIPP

Die winterliche Alternative zur Steinschnecke ist eine Adventsspirale aus 24 Teelichtern in leeren Marmeladengläsern und hübschen Kiefernzapfen. So können Sie täglich die Weihnachtszeit „einleuchten".

Meeresrauschen

Muschel-Aquarium

Schwierigkeitsgrad
● ● ○

Motivgröße
ca. 50 cm x 60 cm

Material
* Sand
* Sandformen mit Meeresmotiven
* Schaufel
* Muscheln aller Art

1 Das Kind sucht sich einen schönen Platz im Sand und drückt ihn mit Schaufel und Händen ganz flach.

2 Dann backt es mit seinen Sandformen jede Menge Meerestiere und stürzt sie dicht nebeneinander in den Sand.

3 Für den Rahmen aus Muscheln sucht Ihr Kind sich die vier größten Muscheln aus und legt sie in die vier Ecken. Dann kann es mit allen anderen Muscheln den Rahmen fertig ausfüllen.

Unser Tipp für dich
Mit Muscheln kann man aber auch toll den Umriss eines anderen Kindes legen: Einer legt sich in den Sand, der andere legt Muscheln drumherum. Wer keine Muscheln hat, nimmt Gänseblümchen.

Fang mich doch!
Ästelabyrinth

Schwierigkeitsgrad
● ● ● ○

Motivgröße
ca. 3 m x 3 m

Material
* ca. 40 Äste aller Größen und Längen, auch von unterschiedlichen Bäumen

1 Ihr Kind sammelt etwa 40 Äste und legt sie erst einmal auf einen Haufen. Aus der Hälfte dieser Äste und Zweige legt es nun einen Kreis. Dieser braucht gar nicht ganz rund zu werden, er darf ruhig ein paar „Dellen" haben.

2 Den zweiten, den Innenkreis, legt das Kind nun mit den restlichen Ästen parallel zu seinem ersten Kreis. Dabei kann sich das Kind an den Wellen und Kurven des ersten Kreises orientieren. Die Äste der beiden Kreise sollten so weit auseinanderliegen, dass man noch gut dazwischen durchlaufen kann.

3 Jetzt kann das erste Fangspiel durch das Ästelabyrinth beginnen.

4 Interessant sind auch Straßen mit Kreuzungen und Einmündungen. Die Äste sind glücklicherweise wetterfest. Sie können sie im Garten liegen lassen und die Rennbahn immer wieder verändern und an jedem „Naturtag" ein bisschen vergrößern.

UNSER ELTERN-TIPP
Kinder entdecken auf Spaziergängen ständig Äste und Stöcke, die Sie gerne mit nach Hause nehmen möchten. Nach jeder Exkursion können Sie diese Schätze zu Hause an einem festgelegten Platz sammeln und nach einigen Tagen das Ästelabyrinth bauen.

UNSER ELTERN-TIPP
Wege können auch eingesät werden. Sehr beeindruckend sind Spiellabyrinthe aus Sonnenblumen.

Das Haus vom Ni-ko-laus

Springseilhaus

Schwierigkeitsgrad
● ●

Motivgröße
ca. 60 cm x 1 m

Material
* 2 Springseile in Gelb
* 45 Tannenzapfen
* 20 Äpfel
* 1 kg Walnüsse
* 35 grüne Blätter
* 20 Zierkürbisse

Vorlage
Seite 104

UNSER ELTERN-TIPP
Wenn das Haus über den Winter liegen bleiben darf, kann es auch als Futterhäuschen dienen, indem Sie es mit Maiskolben, Nüssen, streufähigem Vogelfutter, Meisenringen oder -knödeln füllen.

1 Das Kind knotet die beiden Springseile zusammen und legt damit „das Haus vom Nikolaus" auf den Boden.

2 Der Text, den Sie mit Ihrem Kind dazu gemeinsam sprechen können, lautet: „Das ist das Haus vom Ni-ko-laus". Bei jeder Linie wird eine Silbe gesprochen und das Haus so in einem Zug gelegt. Falls Ihr Kind dieses Haus noch nicht kennt, können Sie es vorab auf ein Blatt Papier aufzeichnen und gemeinsam üben.

3 Ihr Kind kann nun ans Ausgestalten gehen: Es füllt die vier Teile des Hauses mit Kürbissen, Äpfeln, Walnüssen und Blättern. Das Dach legt es zuletzt mit Tannenzapfen aus.

Over the rainbow

Blütenregenbogen

Schwierigkeitsgrad
● ○ ○

Motivgröße
ca. 50 cm x 1 m

Material
* Blätter, Blumen und Blütenblätter in Rot, Orange, Gelb, Grün, Blau und Violett

1 Beim nächsten Ausflug in die Natur oder den Garten sollte Ihr kleiner Florist einen Korb mitnehmen und diesen mit vielen verschiedenen Blumen und Blättern füllen. Idealerweise sucht man sich Blumen, Blüten und Blätter in den Farben Rot, Orange, Gelb, Grün und Violett aus. Aber auch mit anderen Blumen und Farben kann Ihr Kind einen schönen Regenbogen legen.

2 Sollte Ihr Kind auf einen Regenbogen mitten im Winter bestehen, bietet es sich an, bei einem Blumenladen in der Nähe um Schnittreste zu bitten. Da kommen schnell viele bunte Blüten zusammen.

3 Das Kind entfernt mit den Fingern die langen Stiele oder zupft bei großen Blumen die Blätter ab. Wenn es möchte, kann sich Ihr Kind dabei von Ihnen helfen lassen.

4 Daraufhin sucht sich Ihr Kind einen schönen Platz in der Wiese, auf der Terrasse oder dem Balkon und legt die Blüten und Blätter wie auf dem Bild zu sehen zu einem Halbkreis. Es beginnt mit dem kleinsten (hier violetter Klee), so bekommt es einen schönen Blütenregenbogen!

Unser Tipp für dich
Im Herbst können alternativ bunte Blätter gesammelt werden und je nach Größe, Baumart oder Farbe zum Halbkreis oder Kreis gelegt werden.

98 | Naturkunst

Eiskalte Liebe

Eiswürfelherz

1 Ihr Kind schneidet die kleinen roten Beeren und Blätter mit einer kleinen Kinderschere vom Zweig oder knubbelt sie ab.

2 Die ersten Schneideversuche machen Sie am besten gemeinsam mit Ihrem Kind. Setzen Sie es sich auf den Schoß und führen Sie seine Hand. Schon bald kann Ihr Kind die Beeren und Blätter alleine abschneiden.

3 Ihr Kind gibt nun Beeren in die Eiswürfelformen bis diese voll sind. In andere Eiswürfelformen füllt es Blätter. Dann gießt das Kind ganz vorsichtig Wasser hinein.

4 Wenn die Temperaturen winterlich sind, kann man die Formen über Nacht draußen gefrieren lassen, sonst stellt das Kind sie ins Gefrierfach.

5 Für das ganze Herz benötigen Sie ungefähr 30 kleine rote und 26 kleine grüne Eisherzen.

6 Im Garten oder auf dem Waldspielplatz ordnet Ihr Kind die kleinen bunten Eisherzen zu einem großen Herz an.

Unser Tipp für dich

Lust auf mehr? Man kann auch mal eine Gugelhupfform mit Naturfundstücken füllen: Beeren in den verschiedensten Farben, aber auch Rosen, Nüsse, Moos und kleine Zweige können zu einem Eiskuchen eingefroren werden.

Schwierigkeitsgrad
● ● ●

Motivgröße
ø ca. 30 cm

Material
* Eiswürfelform mit Herzmotiv
* Beeren in Rot
* kleine Blätter in Grün

Schlangenalarm!
Kastanienschlange

Schwierigkeitsgrad
● ○ ○

Motivgröße
ca. 80 cm x 1 m

Material
* 45 Kastanienblätter oder andere große, grüne Blätter
* 45 Kastanien
* rotes Blatt
* 5–6 Kieselsteine

1 Das Kind sammelt große, grüne Blätter, schneidet mit einer Kinderschere die Stiele der Blätter ab und sortiert sie der Größe nach. Wenn es keine Schere hat (oder noch keine benutzen kann), geht das auch mit den Fingernägeln.

2 Die ersten Schneideversuche machen Sie am besten gemeinsam mit Ihrem Kind. Sie werden dabei feststellen, wie schnell Ihr Kind die Blattstiele alleine abschneiden kann.

3 Wenn es einen schönen Platz für seine Schlange gefunden hat, legt Ihr Kind die zwei größten Blätter für den Schlangenkopf aufeinander. Das rote Blatt für die Zunge und die Kieselsteine für die Zähne legt es einfach zwischen diese beiden Blätter.

4 Für den Schlangenkörper legt das Kind alle anderen Blätter schlangenförmig immer ein bisschen überlappend übereinander.

5 Zuletzt legt Ihr kleiner Schlangenbeschwörer auf den Schlangenkopf zwei Kastanien als Augen und auf jedes weitere Blatt eine Kastanie.

UNSER ELTERN-TIPP
Bei dieser Idee gibt es sehr viele Variationsmöglichkeiten: Im Herbst können beispielsweise auch bunte Blätter verwendet werden, sodass eine Regenbogenschlange entsteht. Ersetzt man die Kastanien durch Eicheln, Walnüsse, Bucheckern oder Haselnüsse, hat man schnell eine Viper, eine Boa oder eine Python im Garten.

| 101

Vorlagen

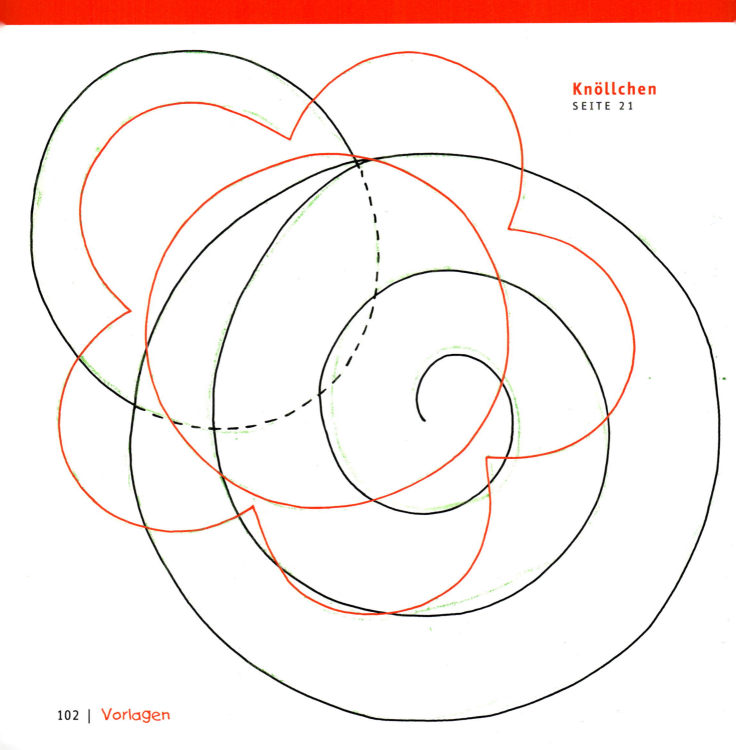

Knöllchen
SEITE 21

Schweinerei
SEITE 40

Tatüü Tataa!
SEITE 42

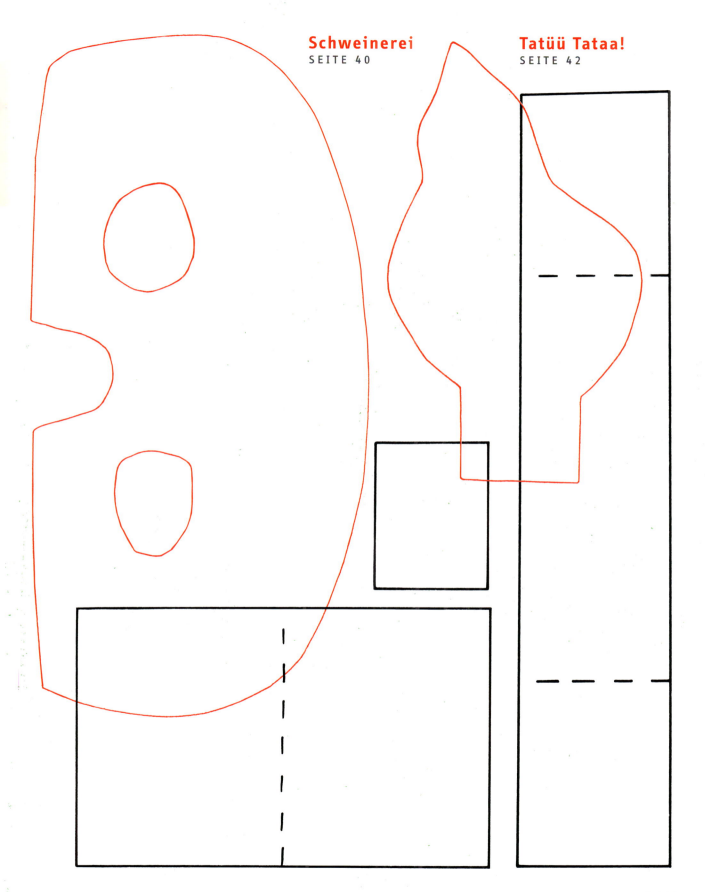

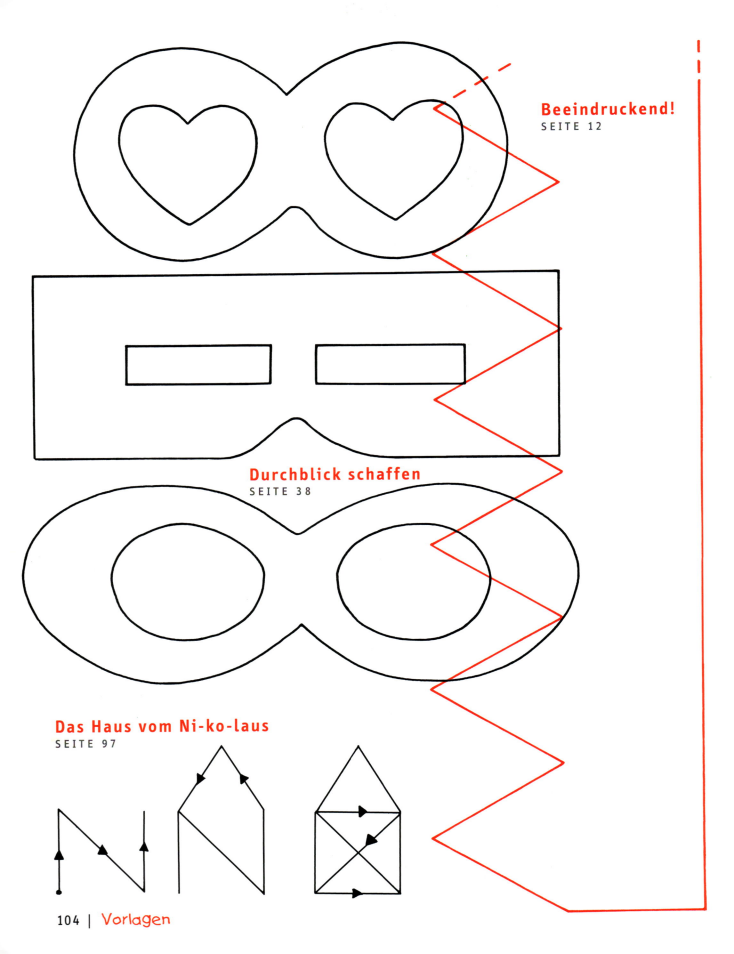

Beeindruckend!
SEITE 12

Durchblick schaffen
SEITE 38

Das Haus vom Ni-ko-laus
SEITE 97

104 | Vorlagen

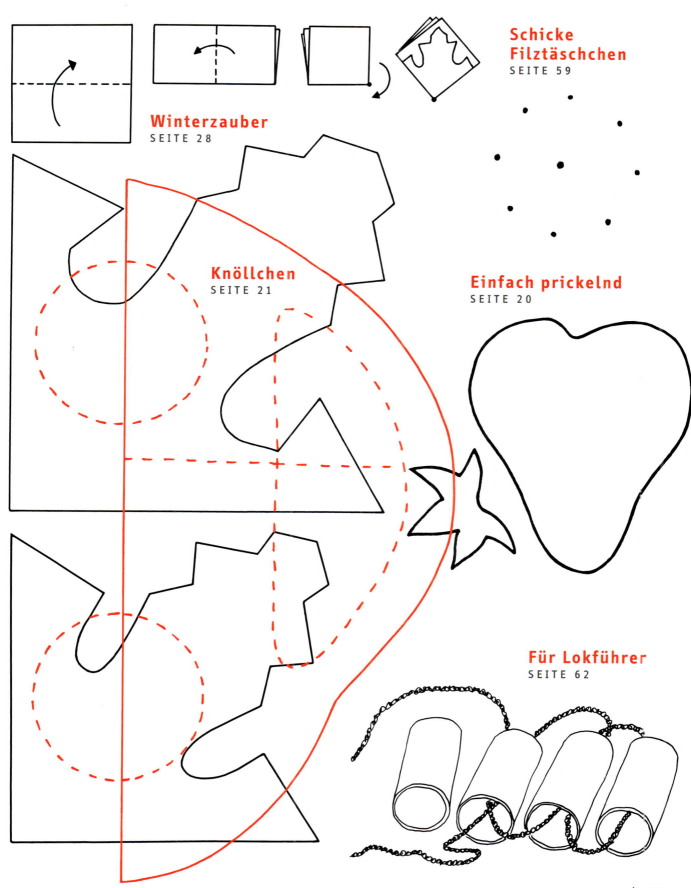

Schicke Filztäschchen
SEITE 59

Winterzauber
SEITE 28

Knöllchen
SEITE 21

Einfach prickelnd
SEITE 20

Für Lokführer
SEITE 62

Wer bist denn du?
SEITE 64

Wollmaus & Co.
SEITE 71

106 | Vorlagen

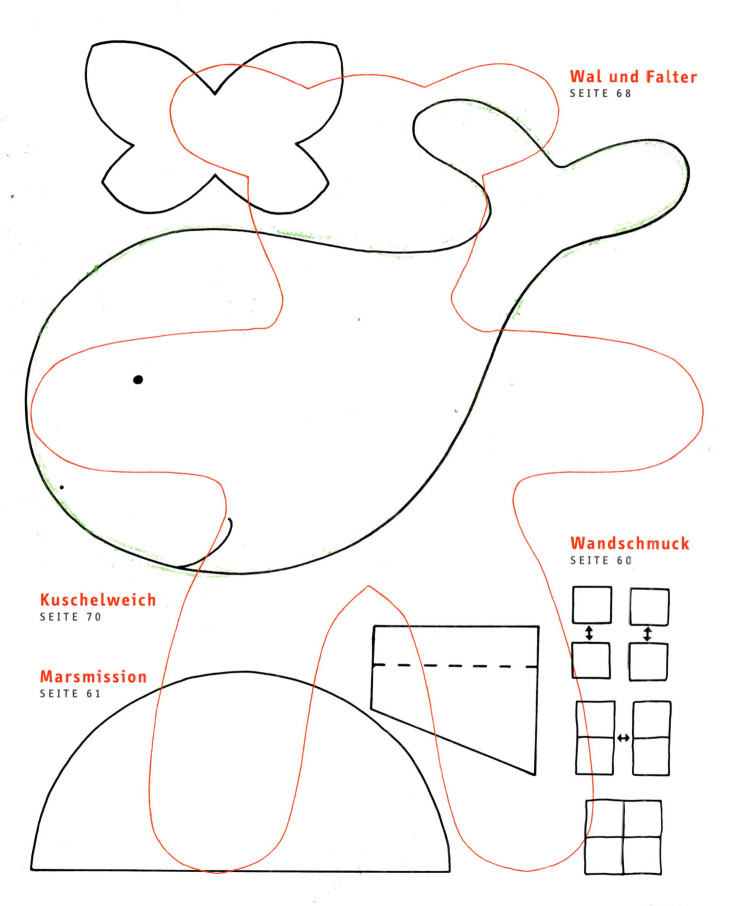

Wal und Falter
SEITE 68

Wandschmuck
SEITE 60

Kuschelweich
SEITE 70

Marsmission
SEITE 61

| 107

Autorinnen | Impressum

Sabine Koch Ich wurde 1961 in Butzbach geboren und bin gelernte Erzieherin. Schon lange vor meiner beruflichen Tätigkeit bastelte und werkelte ich mit meinen Eltern. Es entstanden Holzarbeiten, Handarbeiten und allerlei mehr. 1998 war es dann soweit: Mit meinem ersten Buch „Perlenpower" wurde ein Traum für mich wahr.

Rena Cornelia Lange Seit 2006 bin ich als Kunsttherapeutin und freie Dozentin selbstständig. Ein herzlicher Dank an alle Kinder meiner Malkurse „Farbe und Fantasie" in Heubach. Ihre Begeisterungsfähigkeit inspirierte mich! Ebenso danken möchte ich meiner Mutter, die meine Kreativität von klein auf gefördert hat.

Eva Sommer Ich wurde in Schweinfurt geboren und habe einen erwachsenen Sohn. Als Kindergartenleiterin bin ich mit den Interessen, Vorlieben und Möglichkeiten kleiner Kinder bestens vertraut. Daher habe ich beim frechverlag schon zahlreiche Bastelbücher für Kinder veröffentlicht.

Tanja Wechs Ich wurde in Oberstdorf im Allgäu geboren und habe zwei kleine Mädchen. Seit meiner Kindheit male, bastle und nähe ich leidenschaftlich gerne. Diese Hobbys habe ich zum Beruf gemacht und bin heute Lehrerin für Textiles Werken. Außerdem engagiere ich mich stark in der Kinderkirche.

Die Autorinnen danken der Firma KorrPrandell (Lichtenfels), efco (Rohrbach) und Rayher (Laupheim) für die Unterstützung mit Materialien.
Für ihre Mithilfe möchten wir uns bei Milena, Amelie und Amelie, Lina Sophie, Yannik, Maxim, Moritz, Johanna, Jenna, Valentin und Romy bedanken!

MODELLE: Sabine Koch (S. 34, 35, 40, 41, 44, 48, 52, 56 (Zauberstab), 58, 64, 66, 70), Rena Cornelia Lange (S. 15, 16/17, 20, 29, 74, 75, 78, 79, 80, 81, 86/87, 88, 91), Eva Sommer (S.12, 14, 18, 19, 21, 24, 26/27, 32, 33, 36–39, 42, 43, 49, 53, 59, 61, 68/69, 71, 82–84, 90), Tanja Wechs (S. 13, 22/23, 25, 28, 45–47, 54, 56 (Ballerinarock), 60, 62, 65, 67, 76/77, 85, 89, 94-100).
PRODUKTMANAGEMENT UND LEKTORAT: Anja Detzel und Ina Hess
LAYOUT: Petra Theilfarth
FOTOS: frechverlag GmbH, 70499 Stuttgart; Lichtblick, Studio für Werbefotografie GmbH, Laichingen (Cover, Kinderbilder S. 1-4, 6, 7, 10, 12, 13, 22, 25-27, 30, 31, 32, 33, 36-38, 40, 41, 49, 50, 53, 55, 56, 58, 59, 61, 64, 68, 69, 72, 75, 77, 82, 83, 86), lichtpunkt, Michael Ruder, Stuttgart (Modellbilder auf Cover, S. 1- 3, 9, 11, 13-21, 23, 24, 28, 29, 31-35, 39, 42-48, 51-54, 60, 62/63, 65-67, 70, 71, 73, 74, 76, 78-81, 84,85, 87-101), Eva Sommer (Schrittbilder) (S. 5-9).
DRUCK UND BINDUNG: Himmer AG, Augsburg

Materialangaben und Arbeitshinweise in diesem Buch wurden von den Autorinnen und den Mitarbeitern des Verlags sorgfältig geprüft. Eine Garantie wird jedoch nicht übernommen. Autorinnen und Verlag können für eventuell auftretende Fehler oder Schäden nicht haftbar gemacht werden. Das Werk und die darin gezeigten Modelle sind urheberrechtlich geschützt. Die Vervielfältigung und Verbreitung ist, außer für private, nicht kommerzielle Zwecke, untersagt und wird zivil- und strafrechtlich verfolgt. Dies gilt insbesondere für eine Verbreitung des Werkes durch Fotokopien, Film, Funk und Fernsehen, elektronische Medien und Internet sowie für eine gewerbliche Nutzung der gezeigten Modelle. Bei Verwendung im Unterricht und in Kursen ist auf dieses Buch hinzuweisen.

Auflage: 5.   4.   3.   2.   1.
Jahr: 2014 2013 2012 2011 2010   [Letzte Zahlen maßgebend]

© 2010 frechverlag GmbH, 70499 Stuttgart

ISBN 978-3-7724-5638-1
Best.-Nr. 5638

WIR SIND FÜR SIE DA!
Bei Fragen zu unserem umfangreichen Programm oder Anregungen freuen wir uns über Ihren Anruf oder Ihre Post. Loben Sie uns, aber scheuen Sie sich auch nicht, Ihre Kritik mitzuteilen – sie hilft uns, ständig besser zu werden.
Das Produktmanagement erreichen Sie unter:

pm@frechverlag.de
oder:

frechverlag
Produktmanagement
Turbinenstraße 7
70499 Stuttgart
Telefon 07 11 / 8 30 86 68

LERNEN SIE UNS BESSER KENNEN!
Fragen Sie Ihren Hobbyfach- oder Buchhändler nach unserem kostenlosen Kreativmagazin **„Meine kreative Welt"**. Darin entdecken Sie vierteljährlich die neuesten Kreativtrends und interessantesten Buchneuheiten. Oder besuchen Sie uns im Internet! Unter **www.frechverlag.de** können Sie sich über unser umfangreiches Buchprogramm informieren, unsere Autoren kennenlernen sowie aktuelle Highlights und neue Kreativtechniken entdecken, kurz – die ganze Welt der Kreativität.
Kreativ immer up to date sind Sie mit unserem monatlichen **Newsletter** mit den aktuellsten News aus dem frechverlag, Gratis-Bastelanleitungen und attraktiven Gewinnspielen.

TOPP – Unsere Servicegarantie